Aspinall
Unsere besten Freunde

JOHN ASPINALL

UNSERE BESTEN FREUNDE

WIE EIN PRIVATES TIERPARADIES ENTSTAND

ECON VERLAG
WIEN · DÜSSELDORF

Fotonachweis: Sämtliche Fotos hat der Originalverlag
zur Verfügung gestellt.

Aus dem Englischen von Heidrun und Ulrich Günthner

Titel der bei Macmillan London Ltd erschienenen Originalausgabe:
THE BEST OF FRIENDS

1. Auflage 1978

Gesetzt aus der Times der Linotype GmbH
Gesamtherstellung: Bercker GmbH, Kevelaer
Printed in Germany
ISBN 3 430 11093 9

INHALT

VORWORT

Ich möchte all jenen danken, die mitgeholfen haben, den Howletts Zoopark zu schaffen. Die beständige Liebe und Unterstützung meiner Mutter von frühester Kindheit an gaben mir den notwendigen Halt, ohne den ich sicherlich im Leben nicht hätte bestehen können. Meine Frau Sally hat sich in ihrem Vertrauen und ihrem Glauben an mich nie erschüttern lassen, und ohne ihre liebevolle Fürsorge und Tatkraft hätte ich die vergangenen schwierigen Jahre bestimmt nicht überstanden. Die Treue und Begeisterung meines Halbbruders James Osborne und seiner Frau Janie waren ein weiterer Halt in den schwierigen Übergangsjahren vom privaten zum öffentlichen Zoo. Meine Hoffnungen für die Zukunft von Howletts und Port Lympne ruhen auf meinen drei Kindern: Jamunda, Damian und Bassa; ich vertraue darauf, daß sie ihre Fähigkeiten der Aufgabe widmen, die letzten Zeugen der freien Wildbahn zu schützen, wo immer sie sie finden, und daß sie die Existenz der Brutkolonien, die ich weiter oben an der Küste aufgebaut habe, bis ins dritte Jahrtausend hinein sichern werden.

Meinen Dank aussprechen möchte ich auch Mrs. Dorothy Hastings und ihrer Mutter, der verstorbenen Mrs. Trevenon Coode, die Ende der fünfziger Jahre, als Gugis, Shamba, Baby Doll und andere Gorillas noch Babys waren, treu für diese gesorgt haben. Dank auch Beryl Addley, die während der vergangenen zwölf Jahre auf meine Kinder aufgepaßt hat und sich nicht schrekken ließ, wenn Gorillababys, Tigerkätzchen, Wolfsjunge und Wildschweinfrischlinge durch das Kinderzimmer tobten.

Nicht vergessen möchte ich die »Pioniere« unter den Aufsehern von Howletts: Kurt Paulich, Brian Stocks und Nick Marx sind sicherlich die besten und mutigsten Wildkatzenwärter der Welt. Vom gleichen Kaliber sind Richard Johnstone-Scott und sein Assistent Peter Halliday, die sich um die Affen kümmern. Ein Wort muß hier auch gesagt werden über den Elefantenwärter Paul Ottley; er möchte den Rest seines Lebens der Arbeit mit Elefanten widmen. Wenn unsere vier Bullen erwachsen sind, will er sich den Schwierigkeiten stellen, die eine Elefantengeburt mit sich bringt. Nicht so lange warten muß, so hoffen wir, Jimmy Shave, der Wärter der schwarzen Rhinozerosse. Er rechnet damit, daß Baringo und Rukwa in den nächsten dreißig Monaten ein Junges bekommen. Neben großem persönlichem Mut zeigen die Howletts-Wärter immer wieder ihr weiches Herz, wenn sie zurückgewiesene Junge von Hand großziehen. Meine Dankbarkeit gilt auch Tom Begg, unserem Tierarzt, für seinen Einsatz während der letzten drei Jahre.

Besonders erwähnen möchte ich meine Sekretärin und Vertraute Susan Hunt, die seit acht Jahren mit mir zusammenarbeitet. Sie hat dieses Buch von Anfang an miterlebt, hat meine schwer lesbare Handschrift in die Maschine übertragen und mich immer wieder »auf Vordermann gebracht«. Danken möchte ich auch Nicholas Gould für die Bearbeitung und Korrektur meines Manuskriptes.

Nicht vergessen will ich meine alten Freunde Alan Clore, Simon Fraser, Jim Slater, Gordon White und Selim Zilkha, die mir bei dem neuen Port Lympne Wildlife Sanctuary-Projekt geholfen haben. Sie waren immer zur Stelle, wenn sie gebraucht wurden.

Abschließen möchte ich im Gedenken an meine besonderen Freunde Edward und James Goldsmitz sowie Lord Londonderry. Durch ihre moralische und finanzielle Unterstützung ist Howletts erst möglich geworden – von diesem Buch ganz zu schweigen.

John Aspinall

EINLEITUNG

Es fällt mir schwer, genau zu sagen, wann ich zum erstenmal Ehrfurcht vor Tieren empfand. Ganz gewiß wurde mein Interesse schon in frühester Kindheit geweckt. Wie bereits viele Generationen meiner Familie vor mir, kam auch ich in Indien, und zwar in dem Teil, der heute Pakistan heißt, zur Welt. Ich kann mich noch an einen besonders guten Freund meiner Mutter, an Tony Benyon, erinnern, der zwei halberwachsene Tiger an der Leine spazierenführte. Damals war ich vier oder fünf Jahre alt, und »Onkel Tom« stieg dadurch natürlich in meiner Achtung. Der angeheiratete Onkel meiner Mutter, Stewart Ross, besaß einmal zwei erwachsene Elefantenkühe, Mundi und Rada. Ich denke noch oft daran zurück, wie ich sie mit Zuckerrohr gefüttert habe, dann mit dem Rüssel hoch in die Luft gehoben und unversehrt wieder auf den Boden gesetzt wurde. Schon damals flößten mir ihre Kraft und ihre Sanftmut Ehrfurcht ein.

Mit sieben Jahren kam ich auf eine Privatschule in Eastbourne. Von da an verbrachte ich meine Ferien auf einer Farm in Sussex, denn meine Eltern lebten ja in Indien. Ich konnte mich glücklich schätzen, daß Jack Pring, der Farmer, mich unter seine Fittiche nahm. Lange Jahre verbrachte ich mit den Prings, ich glaube, bis ich vierzehn war oder sogar noch älter. Jack Pring ersetzte mir in vielerlei Hinsicht den Vater. Die Palfrey-Farm, einige hundert Morgen groß, gehörte zum ausgedehnten Petworth-Besitz und war seit Jahrhunderten Eigentum der Wyndham-Familie. Die einzelnen Felder waren uralt und klein. Die Umgebung war wild und schön – freies Land, das niemand bestellte – und reich an Eichenwäldern. Mr. Pring gehörte noch zur alten Schule. Alle achtzehn Milchkühe hatten einen Namen, und alle wurden von Hand gemolken. Ein Guernsey-Bulle namens John stand ständig in der Scheune. Er wurde von allen gefürchtet und respektiert, ebenso übrigens wie Esau, das große weiße Wildschwein. Ich warb lange um Esaus Freundschaft, und schließlich erlaubte er mir, und nur mir, auf seinem Rücken zu reiten. Am aufregendsten war es, wenn er durch die Brennesselbüsche lief. Ich liebte seinen Geruch, sein sprödes Temperament und das Gefühl der Sicherheit, das ich in seiner Begleitung empfand. Vor allem genoß ich das Gefühl, ein Tier zum Freund zu haben, das den anderen Furcht einflößte. Für Jack Pring besaß jedes Tier seinen eigenen Charakter und eine eigene Persönlichkeit. Sogar einige Hennen und Gänse hatten Namen und bestimmte Wesensmerkmale.

Die Eindrücke, die ich auf der Palfrey-Farm sammelte, waren für mich unvergeßlich. Der traurigste Tag war der Markttag, wenn einige Tiere gegen Bargeld eingetauscht wurden. Bargeld schien immer knapp zu sein, und das war auch der Hauptgrund, warum ich auf der Farm sein durfte. Mrs. Pring nahm nämlich während der Ferien Kinder gegen ein Entgelt auf.

Das Farmhaus war im elisabethanischen Stil gebaut und vom Fortschritt der Zeit beinahe unberührt. Es gab keinen Strom und somit auch kein elektrisches Licht. In jenen Tagen war eine solche Farm nahezu autark. Die Prings schlugen ihre eigene Butter. Sie räucherten den Schinken selbst in einem Kamin, der so groß war, daß man ein Pferd hätte hineinhängen können. Und Wärme spendete nicht nur das Holzfeuer mit seinen großen Scheiten, das im Winter niemals erlöschen durfte. Die Pring-Familie selbst strahlte Wärme aus, Vater, Mutter und die Töchter. Vater Pring war ein Patriarch. Sein Vorbild spornte uns an zu mannhaftem Auftreten und zum Abenteuer, aber es gab natürlich auch Zeiten des Unbehagens. So rücksichtsvoll er gegen seine häuslichen Schützlinge war, so beständig führte er Krieg gegen jene Tiere, die er als seine Erzfeinde betrachtete: Füchse, Kaninchen und Ringeltauben bekamen diese seit Generationen vererbte Abneigung voll zu spüren. Die Intelligenz der ersteren und die Fortpflanzungsfreudigkeit der letzteren jedoch stellten sicher, daß es ein nie endender Konflikt wurde.

Zu jener Zeit gab es unter der Landbevölkerung sehr genaue Vorstellungen darüber, welche Kreaturen »geschont« werden sollten, um sie sich als lebendige Zielscheiben zu erhalten, und welche als Schädlinge betrachtet und darum ausgerottet werden mußten. Dann gab es noch eine dritte, neutrale Kategorie. Hierzu zählten zum Beispiel Vögel, die entweder selten, nicht eßbar oder vielleicht in der Märchen- und Sagenwelt verewigt waren.

Als ich meine erste Schleuder bekam – ich war damals acht oder neun –, sagte man mir, daß ich Stare und Spatzen jagen dürfe. In Ruhe lassen sollte ich Drosseln und Rotkehlchen. Ein wahres Vergnügen für einen Jungen war die Jagd mit Pfeil und Bogen – später dann mit dem Diana-Luftgewehr – auf Eichhörnchen, Ratten und Kaninchen.

Als ich älter wurde, ersetzte ich diese Waffen nacheinander durch Kleinkaliber- und Gewehre vom Kaliber 16, dann durch eine Schrotflinte vom Kaliber 12.

Erst mit dreiundzwanzig oder vierundzwanzig hatte ich genug von diesen Waffen und entschloß mich, die Kriegsführung gegen bestimmte Arten von Säugetieren und Vögeln aufzugeben. Es ist sonderbar, wie das Ritual zur Vernichtung harmloser und häufig wunderschöner Vögel und Säugetiere im Manne oftmals das Gefühl von wahrer Männlichkeit und Manneskraft weckt. Das merkwürdige Überbleibsel eines verstümmelten Jagdtriebes hat bei den herrschenden Klassen auf dem Lande und ihren Nachahmern zu einer Gefühlskälte geführt, von der sie sich selbst heute nur mit Schwierigkeiten befreien können.

Es hat Jahre gedauert, bis ich erkannte, daß der Jagdsport nichts für mich war. Farmer Pring lehrte mich, Tiere als meine Kameraden zu betrachten. Von meinem Stiefvater, Sir George Osborne, lernte ich, Flora, Land und Leute zu schätzen. Und wenn ich zurückblickend über ihn nachdenke, dann wundert es mich, wie ein so gütiger und ehrbewußter Mann mit einer solch ursprünglichen Liebe zum Land so viele Tage damit verbringen konnte, wehrlose Vögel und Säugetiere zu töten. Die Tatsache, daß so viele Männer aus der alten Oberschicht auf diese Art verrohten, hat sicherlich entscheidend zur Dezimierung der Tiere beigetragen. Selbst heute noch könnte man die Lage merklich bessern, wenn nur zehn Prozent des Engagements und der Gelder, die für die Organisation von Treibjagden aufgewandt werden, zum Schutz von einheimischen Pflanzen und Tieren abgezweigt würden.

Mit elf Jahren wurde ich stolzer Besitzer eines großen, scheckigen Iltisfrettchens. Zusammen gingen wir auf Kaninchenjagd. Nach einem Jahr lief es davon, und seinen Platz nahm eine Dohle ein, der später noch weitere folgten. Einer dieser Vögel blieb zwei Jahre bei mir. Als ich zur Rugby School ging, konnte ich meine Dohle mitnehmen. Daß sie mich aus 450 Metern Höhe erkannte, herabflog und sich auf meiner Schulter kuschelte, erfüllte mich mit unbändigem Stolz. Eines Sommernachmittags landete sie sogar auf meiner Schulter, als ich für unsere Schule gerade in einem Baseball-Match stand. Später ist sie dann in einer Wassertonne ertrunken.

Meine Freundschaft mit dem halbwilden Frettchen und den jungen Dohlen weckte tief in mir ein Gefühl, das ich bei meiner Freundschaft mit den zahlreichen Hunden, die im Hause meines Stiefvaters in Framfield (Sussex) lebten, nicht empfand. Ich mochte Katzen und Hunde, aber sie regten meine Phantasie nicht an. Wie kann man von einem Dalmatiner oder einem Wellensittich besonders beeindruckt sein? Es bedurfte eines Hauchs des Unvorhersehbaren, der Unabhängigkeit, um meinen vollen Respekt zu erlangen. Ohne Wildheit fehlt das Element der Furcht, und ohne Furcht, sei es auch nur die Furcht vor dem Biß eines Frettchens oder dem Zupicken einer Dohle, hat man einfach weniger Respekt. Natürlich können auch Hund, Katze und Pferd beißen, kratzen oder austreten, aber bei diesen Tieren, die seit Jahrtausenden gezüchtet werden, betrachtet man das als abartig. Die Zucht dient dazu, ihnen vor allem Gehorsam einzutrichtern oder sie, wie die Katze, willfährig zu machen.

Während der drei Jahre, die ich bei der Königlichen Marine verbrachte, und in den nachfolgenden Jahren in Oxford war von meiner Liebe zur Natur nur wenig zu spüren. Bei der Marine las ich die Werke der Klassiker. In Oxford bekam ich zum erstenmal Karten in die Finger. Dort wurde ich zum Spieler, zu »einem notorischen Spekulanten«, wie Paul Johnson mich einmal im »New Statesman« nannte. Aus bescheidenen Anfängen mit einer kleinen Pokerschule am Oriel College erwuchs mir nach vielen Rückschlägen ein Vermögen – groß genug, daß ich es mir leisten konnte, mich wilder Tiere anzunehmen und sie im großen Stil, wie in Howletts und Port Lympne, zu züchten. Doch das ist eine andere – wenn auch durchaus erzählenswerte – Geschichte, denn bis zum heutigen Tag ist es »des Spielers Gold«, mit dem die Tiere ernährt, die Gehälter bezahlt und die steigenden Rechnungen beglichen werden.

Was brachte mich nur dazu, mir einen Kapuzineraffen, eine Tigerin und dann zwei Himalayabären zu kaufen, als ich das erstemal genug Geld in Händen hatte, um sie unterhalten zu können? Als unheilbarer Romantiker weiß ich, was ich gerne glauben möchte; der kleine Funke Realismus jedoch, der mich immer wieder auf den Boden der Tatsachen zurückbringt, rät mir, diese Frage besser unbeantwortet zu lassen.

Port Lympne Wildpark

Im Jahre 1956 setzte ich beim Cesarewitch Handicap von Newmarket auf »Prelone« und gewann eine beträchtliche Summe. Mit diesem Gewinn kaufte ich Howletts in der Nähe von Canterbury. Das Haus war 1787 von Sir John Leach für den ostindischen Nabob Isaac Baugh gebaut worden. Nach seinem Tod erwarb es Sir Thomas Deering, ein berühmter Glücksspieler, der später das ganze Anwesen an einem Abend beim Faro im White Club wieder verlor. Es fiel dann, was nicht weiter überrascht, an einen Geldverleiher – an Abraham Gipps, dessen Erben die Martins Bank gründeten. Das Haus ist beispielhaft für die Renaissance des neopalladanischen Baustils jener Zeit. Es wurde von Philip Jebb und John Fowler restauriert und wieder in den ursprünglichen Zustand versetzt. Russel Page plante die Gartenanlagen um die bemerkenswerten spanischen Kastanien, libanesischen Zedern und Ilexbäume herum, die seit Jahrhunderten das Bild des Parks geprägt haben.

In Howletts konnte ich den Grundstein legen für Kolonien wilder Tiere, die beständig weiterwachsen. Im Laufe der Jahre wurden viele Tiere geboren, viele wurden hinzugekauft. Von Zeit zu Zeit wurden neue Gehege errichtet; das wichtigste ist ein Gorillarium, das eine sechzehnköpfige Gorillatruppe beherbergt.

Vor ungefähr sechs oder sieben Jahren wurde mir klar, daß Howletts mit seinen kaum fünfzig Morgen für die ständig wachsende Zahl wilder Tiere nicht groß genug war. Zur gleichen Zeit erkannte ich auch, daß ich mit meinen eigenen schwindenden Geldreserven nicht ewig für die Tiere sorgen konnte. Ich beschloß daher, den Spielclub in London bei der ersten sich bietenden Gelegenheit zu verkaufen, um in der Nähe von Howletts ein geeignetes Stück Parklandschaft zu erwerben und einen öffentlichen Tierpark aufzumachen. Davon erhoffte ich mir einen Zuschuß zur Begleichung meiner wachsenden Unkosten. Mein erster Versuch in Chilham Park war ein Fehlschlag. Der Stadtrat von Chilham stellte sich mit Rückendeckung des Landrates und der Grafschaftsverwaltung gegen mich. In einer öffentlichen Anhörung wurde gegen uns entschieden, und es dauerte fünf Jahre, bis ich etwas anderes fand und wieder Pläne schmieden konnte. Diese Pläne konnte ich schließlich in Port Lympne verwirklichen, einem wunderschönen Anwesen mit einem weiten Blick über den Kanal in der Nähe von Folkstone, berühmt

Howletts

wegen seiner Gärten und seines 1912 für Sir Philip Sassoon erbauten Herrenhauses. Die zuständigen Behörden hatten endlich begriffen, daß ich kein Safaripark-Unternehmer und kein Zirkus-Impresario war. Ich erhielt die Genehmigung, und »Port Lympne Wildlife Sanctuary and Gardens« wurde im Sommer 1976 für die Öffentlichkeit freigegeben. Am 15. September 1974 versprach Scheich Zayed von Abu Dhabi bei einem Besuch von Howletts finanzielle Unterstützung, doch obwohl er sein Angebot von Abu Dhabi aus erneuerte, änderte er schließlich seine Meinung. Dank des Vertrauens und des Verständnisses alter Freunde, die um meine Ziele und Pläne wußten, kam schließlich doch genug Geld zusammen, um das Projekt ins Rollen zu bringen.

Howletts selbst ist jetzt acht Monate im Jahr, vom 1. März bis zum 31. Oktober, für jedermann geöffnet. Port Lympne ist das ganze Jahr hindurch offen. Herden von Wildpferden, afrikanische und indische Büffel, amerikanische Bisons, indisches Rotwild und Antilopen sind bereits unterwegs nach Port Lympne, und dort haben sie einen Lebensraum von 300 Morgen. Im Laufe des Jahres 1976 wurden das schwarze Rhinozeros, amerikanische Wölfe, Wildschweine und gefleckte Leoparden über die achtzehn Meilen getrieben, die die beiden Parkgebiete trennen. Die schwierigste Aufgabe ist es, die Elefanten in ihren neuen Lebensbereich zu integrieren. Ihnen werden einmal sechs Morgen Grasland und ein Morgen Wald zur Verfügung stehen. Ich möchte meine Leser zum Besuch einladen, wenn sie in den Südosten Englands kommen; überzeugen Sie sich selbst vom Wahrheitsgehalt dieses Buches.

Eigentlich ist es schon seltsam, daß ich, obwohl ich nun auf die fünfzig zugehe, noch niemals über mein Leben mit wilden Tieren berichtet habe, ausgenommen einige Fernsehsendungen, die gut ankamen, aber schnell in Vergessenheit gerieten. Schuld daran ist wohl meine eigene Trägheit. Hinzu kam, daß ich immer genug Kapital im Rücken hatte. Vielleicht hängt es auch damit zusammen, daß ich mit jedem gern rede, der gewillt ist, mir zuzuhören; das hat mir genügend Befriedigung gegeben, so daß ich nie den Drang verspürte zu schreiben. Jetzt jedoch hat mich das Schicksal gezwungen, zur Feder zu greifen. Die große Wirtschaftskrise von 1974 hat mein Vermögen verschlungen, hat mir die Möglichkeit genommen, den Unterhalt der wilden Tiere, deren Zahl bis meute auf 350 angewachsen ist, aus meinem Privatvermögen zu finanzieren. Wenn dieses Buch entsprechend gekauft wird, könnte aus den Einnahmen der Futterverbrauch eines Monats für die Tiere von Howletts und Port Lympne bestritten werden. Wird es ein Fehlschlag, so verlieren meine Verleger ihren höchst generösen Vorschuß – er ist längst verspeist von seltenen und hungrigen Tieren; und das, so glaube ich, wird den Verlegern sicherlich ein gewisser Trost sein.

GORILLAS

Jedem, der den Gorilla gut kennt – das sind allerdings nur wenige –, ist der Gedanke, daß er ausstirbt, unerträglich. Heroisch in seinem Stolz und in seiner Stärke, großartig in seiner Selbstbeherrschung ist er der Vater der Anthropoiden. Es erscheint unglaublich, daß die Natur in seiner Erscheinung solche Zärtlichkeit und solche Kraft vereinen konnte. Man kann guten Gewissens von ihm sagen: »Wer ihn kennt, muß ihn lieben.« In Gefangenschaft ist ihm die Bewunderung seiner Wärter ebenso sicher, wie er im Regenwald Erstaunen hervorruft. Man braucht nur das Buch »The Year of the Gorilla« von George Schaller oder Dian Fosseys neuere Studien zu lesen, um festzustellen, welchen Respekt man in seiner Nähe empfindet. Ein großer Gorilla hinterläßt einen so starken Eindruck bei der Bevölkerung, daß viele von ihnen weltberühmt wurden. In Milwaukee zum Beispiel kennen mehr Bürger den Gorilla Samson als den Gouverneur von Wisconsin oder den Bürgermeister der Stadt. Nach einer Untersuchung über Milwaukees Zoo kamen vierzehn Prozent der Besucher einzig und allein, um Samson zu sehen. Im Londoner Zoo genießt Guy bei weitem den größten Bekanntheitsgrad, und seit fünfundzwanzig Jahren kann er sich der höchsten Zuschauerzahlen rühmen. Er war der erste Gorilla, den ich je gesehen habe. Vor zwanzig Jahren besuchte ich ihn regelmäßig und zollte ihm mit exotischen Früchten Tribut. Stefi vom Baseler Zoo, Stammvater einer großen Gruppe, Schneeflocke von Barcelona, der einzige weiße Affe der Welt, Sinbad aus dem Lincoln Park in Chicago, ein würdiger Nachfolger des bekannten Bushman, der einundzwanzig Jahre alt wurde – diese und viele andere haben Berühmtmeit erlangt. Zu den bekanntesten Gorillas der Vergangenheit gehören Gargantua vom Ringling-Zirkus, Bobby, der Riese von Berlin (der über 600 Pfund wog), und Bamboo aus Philadelphia.

Das Geheimnis der geradezu magnetischen Anziehungskraft des Gorillas liegt vielleicht in seiner Reserviertheit. Anders als die Schimpansen, die dem Menschen seine Überlegenheit einzuräumen scheinen und ihn nachahmen, bleibt der größere Affe zurückhaltend. Ich unterstütze voll und ganz Sir Julian Huxleys Feststellung, daß »der Mensch in der Gegenwart eines ausgewachsenen männlichen Gorillas nichts als Demut empfinden kann«.

Diese demonstrative Zurückhaltung, gekoppelt mit einer gewissen Verachtung, ist bezeichnend für Haltung und Auftreten der Gorillas. Sie laden nicht zur Vertraulichkeit ein, und oftmals nehmen sie unziemlich gezeigte menschliche Zuneigung sogar übel. Der Gorilla läßt sich nicht schnell von Gefühlen leiten. Mehr als jeder andere Affe, einschließlich des Menschen, scheinen sie von innerer Selbstzucht geleitet zu sein – ein sorgsam gehüteter Schatz, zu dem allein sie den Schlüssel besitzen.

Das wenige, was über wildlebende Gorillas bekannt ist, verdanken wir zum größten Teil Schaller und Fossey, die allerdings nur die Bergrasse studierten. George Schaller schreibt in seinem Buch »The Mountain Gorilla« (Der Berg-Gorilla):

> »Vermutlich hat kein anderes Tier die menschliche Phantasie so stark beschäftigt wie der Gorilla. Sein menschenähnliches Aussehen und seine enorme Stärke, seine ferne Heimat und seine berühmte kriegerische Natur haben dem Tier eine eigenartige Faszination gegeben und allgemeines sowie wissenschaftliches Interesse hervorgerufen. Der Gorilla scheint etwas Übernatürliches zu besitzen, das jeden Besucher seines Reiches in seinen Bann zieht.«

Schaller beschreibt dann sein erstes Zusammentreffen mit einem erwachsenen männlichen Tier, mit einem Silberrücken, wie sie auch genannt werden, weil ihre Rücken nach Erreichen der Reifezeit silbrig-grau werden. »Er lag am Hang, gestützt auf seine riesigen, struppigen Arme. Die Muskeln seiner breiten Schultern und seines silbernen Rückens spielten. Er bot ein Bild von Würde und verhaltener Kraft, als wäre er sich seiner majestätischen Erscheinung voll bewußt.«

Ich bin überzeugt, daß er der Herr des Regenwaldes ist, auch wenn er ohne Zweifel Elefanten und Menschen aus dem Weg geht. Vor der Einführung der Gewehre vor rund 200 Jahren war er dem Menschen ebenbürtig. Manche glauben sogar, daß er in einer Art Symbiose mit der einheimischen Bevölkerung lebte und von der Rodung des Urwaldes mit Feuer und Axt profitierte. Überfälle auf Plantagen gehören von alters her zum Zeitvertreib der Gorillas, und der Mensch hat ihn immer wieder mit Mahlzeiten vom Maniokstrauch, mit Bananen, Kakao, Makabo, Mais, Hirse und Kolanuß versorgt. Auf der anderen Seite stellte man ihm wegen seines Fleisches mit Fallen nach und vertrieb ihn, indem man seinen Wald zerstörte. Jetzt hat sich das ehemalige Gleichgewicht entschieden zu seinen Ungunsten verlagert. Moderne Gewehre, die Abholzung der Wälder und die Verbreitung der Rinderzucht signalisieren seinen Untergang. Es ist fraglich, ob er dieses Jahrhundert in der Wildnis überleben wird. Die Regierungen der afrikanischen Staaten Kamerun, Gabun, Zaire und der Zentralafrikanischen Republik – dort gibt es immer noch einige wenige Gorillas – begreifen die Probleme nicht oder kennen sie nicht einmal. Für sie ist der Gorilla das Überbleibsel einer Vergangenheit, derer sie sich schämen. Sie versprechen Hilfe, doch es bleibt ein bloßes Lippenbekenntnis; wirklich schützen wollen sie ihn nicht. Der Wald, seit Urzeiten seine Heimat und das Reich, das er beherrscht, wird durch Industrialisierung zerstört.

Als ich vor einigen Jahren in der Kribigegend von Kamerun war, lebten die Tierfamilien dort oft dreißig oder vierzig Kilometer voneinander entfernt in schrecklicher Furcht vor dem Menschen. Überall war der Regenwald zurückgedrängt worden, und die einheimischen Stämme besaßen moderne Waffen. N'gee N'gee, wie die Jäger ihn nennen, befand sich auf dem Rückzug. Nachdem wir vierzehn Tage lang seiner Spur gefolgt waren, fanden wir eine kleine Gruppe von sieben oder acht Gorillas in der Nähe von Eboloua; der dort ansässige Stamm ging nur selten auf die Jagd. Wir beobachteten die Tiere ungefähr eine Minute lang. Sie fraßen Aframomum-Samen und grunzten vor Zufriedenheit. Als sie uns sahen, verschwanden sie lautlos im Halbschatten. Der Patriarch nahm ein Junges von etwa einem Jahr an sich, das einen entsetzten Schrei ausgestoßen hatte. Er ließ das Baby auf seinen Unterarm klettern und dann Schutz auf seinem Rücken suchen. Während sie sich in den Schatten des Waldes zurückzogen, schaute das Kleine mit verschreckter Neugier zu uns herüber. Dieser Vorfall war schon allein die Reise wert, und er wird eine meiner denkwürdigsten Erinnerungen bleiben. –

Mit ungefähr zwölf Jahren hörte ich zum erstenmal vom Riesenaffen. Ich las darüber in R. M. Ballantynes eigentlich absurdem Buch »The Gorilla Hunters«. Später sah ich den Affen in dem Film »King-Kong« auf der Leinwand. Ich erinnere mich, daß ich auch damals schon die Hälfte der Geschichten, die man sich über seine angeborene Grausamkeit und seinen unersättlichen Geschlechtstrieb erzählte, für erfunden hielt. Jahrelang besorgte ich mir jedes nur verfügbare Buch über Gorillas, aber insgesamt gesehen, war alles nur ein enttäuschendes Sammelsurium. Hauptsächlich waren es Geschichten von Trophäenjägern, zum Teil bestückt mit Fotos von Kadavern großer, männlicher Tiere mit auseinanderklaffenden Kiefern, von ihren Jägern hochgehalten, um ihnen einen gräßlich lebendigen Ausdruck zu verleihen. Selbst in diesen minderwertigen Büchern offenbarte sich mir der mystische Reiz des Gorillas – ich wurde vom Ehrgeiz gepackt, ein Freund der Gorillas zu werden, ihr Vertrauen und ihre Zuneigung zu gewinnen. Für mich verkörpert ein Gorilla am ehesten Rousseaus Traum vom »edlen Wilden«. Mit Kraft verschafft man sich Respekt, aber mit verhaltener Kraft erringt man Bewunderung. Während der siebzehn Jahre, in denen nun Gorillas in Howletts zusammenleben, hat kein Affe einen anderen ernstlich verwundet. Von Zeit zu Zeit finden scheinbar schreckliche Kämpfe statt, in denen sie vermutlich ihre Aggressionen abbauen. Tatsache aber ist, daß trotz des Lärms und des Geschreis niemals bleibender Schaden angerichtet wurde. Ich selbst bin während der ganzen Zeit nicht ein einziges Mal ernstlich verletzt worden, obgleich nur wenige Wochenenden vergehen, an denen ich nicht in ihr Gehege gehe und ein oder zwei Stunden mit ihnen verbringe. Mittlerweile sind es sechzehn Tiere an der Zahl, acht Männchen und acht Weibchen.

Hier nun die Daten und Namen in hierarchischer Ordnung:

Die Gorilla-Gruppe von Howletts
(Die Geburtsdaten der eingefangenen Tiere sind geschätzt)

Geburtsdatum	Alter, in dem sie nach Howletts kamen	Name	Gewicht
Männlich			
Dezember 1958	10 Monate	Gugis	360 Pfund
September 1973 (Ankunft)	12 Jahre	Kisoro	320 Pfund

Fünf der Gorillas im Gorillahaus mit einigen ihrer Übungsgeräte und Spielzeug. Von links nach rechts: Baby Doll, Ju Ju, Founa, Mouila, Bitam.

Geburtsdatum	Alter, in dem sie nach Howletts kamen	Name	Gewicht
Männlich			
Juni 1965	2 Jahre	Mumbah	252 Pfund
Juni 1968	10 Monate	Djoum	178 Pfund
Juni 1971	11 Monate	Bitam	80 Pfund
August 1971	9 Monate	Toumbi	72 Pfund
2. April 1975	in Howletts geboren	Kijo	20 Pfund
6. Oktober 1975	in Howletts geboren	Koundu	14 Pfund
Weiblich			
Juli 1958	2 Jahre	Shamba	250 Pfund
Juli 1960	1 $^1/_2$ Jahre	Mouila	210 Pfund
Januar 1961	4 Monate	Baby Doll	205 Pfund
Februar 1962	8 Monate	Ju Ju	185 Pfund
Mai 1969	9 Monate	Mushie	105 Pfund
April 1971	12 Monate	Founa	76 Pfund
30. April 1975	in Howletts geboren	Kimba	19 Pfund
Januar 1976 (Ankunft)	3 $^1/_2$ Jahre	Sidonie	60 Pfund

Viele Jahre hindurch sind wir mit der Gorillafamilie draußen im Parkland spazierengegangen, aber als Gugis und Shamba neun bzw. zehn Jahre alt wurden, mußten wir damit aufhören. Wir fanden nämlich heraus, daß die Affen um so widerwilliger in ihr Gehege zurückkehrten, je sicherer sie sich fühlten. Eine Zeitlang versuchten wir, sie zu überlisten, indem wir sie erst am Abend ausführten und zurückkamen, wenn es dunkel wurde. Wie die meisten großen Primaten sind Gorillas Tagtiere, die bei Sonnenuntergang schlafen gehen. Aber selbst dieser Trick wirkte auf Dauer nicht, und im September 1967 machte die Howletts-Gorillatruppe ihre letzte Wanderung.

Der Park ist nur fünf Morgen groß. Hätte mehr Land zur Verfügung gestanden, wäre es möglich gewesen, diese Spaziergänge noch einige Jahre fortzusetzen. Gefühlsmäßig wußten die Gorillas, wo die Grenzen verliefen, und nur selten brachen sie aus. Meistens im Spätherbst, wenn die Äpfel meines Nachbarn rot und reif wurden. Sie waren unwiderstehlich, und man sah den Gorillas das schlechte Gewissen an der Nasenspitze an, wenn sie über den Zaun geklettert waren und gestohlen hatten.

Bereits als Halbwüchsige jagen Affen andere Tiere in die Flucht, selbst Bisons und Wildpferde. Man hat in der Wildnis z. B. beobachtet, wie sie rote Büffel von einer Lichtung trieben, auf der sie ungestört ihr Futter suchen wollten.

Mein größter Wunsch war es immer, mit einem erwachsenen männlichen Gorilla Freundschaft zu schließen. Meines Wissens ist dies nur einmal möglich gewesen, und zwar im Zoo von Basel, wo der hochbegabte Tierpfleger Stemmler in Stefis Gehege aus und ein ging. Stefi ist der Stammvater der berühmten Gruppe, und er fand Vergnügen an Stemmlers Gesellschaft. Doch im Alter von zwölf Jahren wurde Stefi zu ungestüm, und Stemmler verzichtete auf diese Besuche. Dieser prächtige Gorilla hatte einen außergewöhnlich sanften Charakter. Folgende Geschichte, die mir Dr. Ernst Lang, der Basler Zoodirektor, erzählte, macht das deutlich. Eines Abends, der Zoo war bereits für die Besucher geschlossen, stieß ein junges Mädchen, das den Füttergang reinigen wollte, gegen die Türe zu Stefis Schlafquartier. Sie war versehentlich offengeblieben. Als die Türe nachgab, griff der 350 Pfund schwere Gorillamann nach der jungen Frau. Die Türe fiel automatisch zu und schloß sie beide ein.

Stefi freute sich so sehr über die Gesellschaft – besonders, weil es Damengesellschaft war –, daß er das zu Tode erschrockene Mädchen fest an sich preßte und es bis zum nächsten Morgen, als endlich Hilfe kam, nicht mehr losließ. Es hatte dieses wohl einzigartige Erlebnis zwar mitgenommen und verängstigt, aber unverletzt überstanden.

Bei meinem Gorillamann Gugis erlitt ich Schiffbruch, obwohl ich alles versuchte. Bis zum Alter von elf Jahren spielte und schmuste ich jedes Wochenende mit ihm, aber allmählich begann er, in mir ebenso den Rivalen wie den Freund und Beschützer zu sehen. Ohne Zögern überließ ich ihm den ersten Platz in der Hierarchie, und gelegentlich nahm ich die Unterwürfigkeitshaltung ein, um ihn von meinen guten Absichten zu überzeugen.

Doch es nützte alles nichts. Wenn er schlechter Laune war, griff er mich an, ließ seine Pranken mit einem wilden Schwinger auf meine Schultern sausen oder bestrafte mich, indem er mich irgendwohin biß. In freier Wildbahn – und wenn ich ein Gorilla gewesen wäre – hätten wir miteinander gerungen, bis die Rangfolge eindeutig geklärt gewesen wäre.

Nächster männlicher Gorilla in der Rangfolge ist Mumbah. Er wird mit seinen elf Jahren bereits sehr ungestüm, und ich glaube, daß uns nicht mehr als zwei weitere gemeinsame Jahre verbleiben. Da sich Gorillas in Charakter und Veranlagung ebenso unterscheiden wie die Menschen, setze ich meine Hoffnung auf Djoum, Bitam und Toumbi; vielleicht bleibt einer von ihnen auch als Erwachsener zärtlich und umgänglich.

Die weiblichen Gorillas bereiten in dieser Hinsicht keine Probleme. Sie alle bleiben verläßlich. Möglicherweise liegt es daran, daß sie niemals die Führung einer Gruppe anstreben können und somit auch nie um eine Vorrangstellung kämpfen. Als Gugis größer und angriffslustiger wurde, betrachteten sich Shamba und Mouila als meine Leibwächter. Nur selten wichen sie von meiner Seite. Näherte sich Gugis mir in böser Absicht, entlockte ihnen das eine Kakophonie von Gebell und Schreien.

Die Zähmung durch Dressur kann beim männlichen Affen einfach nicht funktionieren und beschwört das Unglück geradezu herauf, wenn die Tiere ihre Reifezeit erreichen. Vor einigen Jahren gab es in Japan eine berühmte Zirkusnummer mit drei Gorillas, die von klein an darauf trainiert waren, eine »Vorstellung« zu geben. Die Nummer endete abrupt, weil der Dompteur beinahe getötet worden wäre.

Im Zirkus werden die männlichen Schimpansen oft kastriert, um sie gefügig zu machen, eine Praxis, die gesetzlich verboten werden sollte. Überhaupt sollten alle Nummern mit wilden Tieren im Zirkus untersagt werden.

In der Wildnis leben Gorillas in Gruppen oder in einer Großfamilie von ungefähr zehn bis dreißig Tieren zusammen. So mußten auch wir Umweltbedingungen schaffen, die es erlaubten, eine große Gruppe zusammen leben zu

lassen. Alle Affen kamen als Kleintiere nach Howletts (bis auf den erst kürzlich erworbenen Zuchtaffen Kisoro), und jeder Neuankömmling mußte mit viel Einfühlungsvermögen in die Gruppe assimiliert werden. Zur Zeit können wir vierzehn von sechzehn Affen im großen Gehege von 35 x 20 x 10 Metern unterbringen. Sie »en famille« zu sehen und ihr Zusammenspiel zu beobachten, ist ein absolutes Vergnügen. Ich kenne keinen anderen Zoo, in dem so viele Gorillas unterschiedlichen Alters und Geschlechts so frei miteinander verkehren können.

In ein oder zwei Monaten soll auch Kisoro zur Gruppe stoßen, damit er zum erstenmal seinen rechtmäßigen Platz als »Familienvater« einnehmen kann. Seinen Sohn Kijo hat er bereits durch die Stäbe hindurch liebkost, hat ihm freundschaftlich mit seiner großen Pranke einen Klaps gegeben, um seine Zuneigung zu zeigen.

Achtzig Seile, Kletter- und Turnstangen, eine zehn Meter lange Rutschbahn, ein beheiztes Schwimmbad, ein künstlicher Baum, in dem sie Schlupfwinkel bauen und Schutz vor Sonne und Regen suchen können, eine massige Trommel, Stahlrohrkugeln, Kabelrollen und Lastwagenreifen stehen den Affen zur Verfügung. Im ewigen Kampf gegen die Langeweile und um die Tiere zum Spielen zu ermuntern, streuen wir zweimal im Jahr hundert Ballen Weizenstroh in das Gehege. So ist für eine bequeme »Matte« zum Ringen, Klettern, Hüpfen und Rollen gesorgt. Jeden Morgen, egal wie das Wetter ist, streuen wir Nüsse oder Rosinen ins Stroh. So können die Affen ein bis zwei Stunden nach Futter suchen, wie sie es auch in der Wildnis tun. Bei Sonnenuntergang verteilen wir noch einmal frische Ballen sauberen Strohs, damit sie sich ihre Schlafstätte zurechtmachen können. Wir haben die Erfahrung gemacht, daß die weiblichen Affen diese Arbeit ernster nehmen als die männlichen. Manchmal brauchen sie zwanzig Minuten oder noch länger, bis das Werk zur vollsten Zufriedenheit gelungen ist.

Am besten wäre es, wenn man Gorillas etwa jede halbe Stunde füttern würde. Das aber stößt in einer Kolonie mit nur zwei Tierwärtern auf unüberwindliche Schwierigkeiten. Wilde Gorillas suchen morgens und abends mehrere Stunden lang nach Futter. Während der Hitze des Tages ruhen sie. In den Sommermonaten machen es die Tiere von Howletts genauso, aber im

Winter bleiben sie länger in ihren Käfigen. Doch nur zehn- bis zwölfmal in einem Durchschnittsalter weigern sich die Affen, überhaupt vor die Türe zu kommen. Kalten, peitschenden Regen verabscheuen sie ganz besonders. Am aktivsten sind sie bei windstillem, feuchtem Wetter. Im Hochsommer lassen wir sie, wenn sie wollen, nachts draußen, und manchmal sind sie bis in die Morgenstunden hinein auf den Beinen. Sie schlagen sich gegen die Brust, stoßen wilde Schreie aus und ziehen eine richtige Schau ab. Schaller und Fossey haben diese mitternächtliche Ausgelassenheit nicht erwähnt – aber wahrscheinlich nur deshalb nicht, weil sie selbst zu dieser späten Stunde schon schliefen.

Die Feinheiten in der hierarchischen Struktur kann man in der Gefangenschaft leichter beobachten als in der freien Wildbahn. Aufkommende Spannungen, auf engem Raum angestaut und verstärkt empfunden, treten deutlicher zutage. Die führende Rolle des männlichen Tieres wird bereits in sehr frühem Stadium durch sein offensichtliches Bemühen um die Sicherheit seiner Gefährten deutlich. Auf seinen Schultern liegt die ganze Last der Verteidigung der Gruppe. So reagierte Djoum schon im Alter von zwei Jahren auf Bedrohungen von außen, die Mushie völlig unberührt ließen. Der erwachsene Gorillamann, der das Patriarchat seiner Gruppe übernimmt, ist gewöhnlich ein ausgeglichener und gutmutiger Führer, nicht notwendigerweise der größte und stärkste. Er ist derjenige, der das Vertrauen der Weibchen und der jungen Schwarznacken besitzt. Er muß ein geschickter Botaniker und Topograph sein, und er beeinflußt Umgangsformen und Persönlichkeitsstruktur seiner Gruppe. Gorillas haben die außergewöhnliche Fähigkeit entwickelt, übertriebene Kraftproben innerhalb der Familie zu verhindern. Ein Jugendlicher, der von einem großen Affen, gleich ob männlich oder weiblich, angegriffen wird, erhält sofort Hilfe aus dem Clan. Der Grund des Überfalls spielt dabei keine Rolle.

Ist der Patriarch in der Nähe, kann er normalerweise einen Streit durch eine Serie abgehackter Grunzer oder Husten im Keim ersticken.

Die Bereitschaft, dem Schwächeren oder einer zahlenmäßig unterlegenen Gruppe zu helfen, sorgt für gerechten Ausgleich und bietet die Gewähr dafür, daß in der Großfamilie keine ernsthaften Verletzungen zu beklagen sind.

Kämpfe auf Leben und Tod sind beinahe unbekannt. Selbst wenn sich zwei verschiedene Gruppen treffen, geht es meist ohne Zwischenfall ab.

Anders als beim Schimpansen liegt die Emotionsschwelle beim Gorilla sehr hoch. Er läßt sich nicht so schnell aus der Ruhe bringen. Schimpansen begrüßen mich in ihrem Gehege mit offensichtlicher Freude. Nicht so die Gorillas. Ihre Zuneigung verbergen sie unter einem dicken Fell. Wenn ich in ihr Gehege komme, verstreicht manchmal eine ganze Stunde, bevor mich der letzte Gorilla begrüßt hat. Der Gorilla ist zurückhaltend und auf Distanz bedacht. Mag er auch ebenso viele Ausdrucksmöglichkeiten haben wie der Schimpanse, so gebraucht er sie doch versteckter.

Vernon Reynolds glaubt, daß die Schimpansen so ein lärmendes Volk sind, weil sie hauptsächlich von Früchten leben. Entdeckt ein Schimpanse einen Baum voller reifer und eßbarer Früchte, stößt er eine Serie schmetternder Rufe und Schreie aus, die zwei bis drei Meilen weit zu hören sind. So teilt er jedermann aus dem Clan die guten Neuigkeiten mit. Sein Cousin, der Gorilla, ernährt sich hauptsächlich von Kernen, Blättern und Wurzeln. Er hat keine Schwierigkeiten, seine Nahrung zu finden. Bis zu 200 verschiedene Pflanzen kennen wir, die als Gorilladiät geeignet sind. Und die ursprüngliche Rolle des auf dem Boden lebenden Pflanzenfressers kommt dem Gorilla offensichtlich entgegen. In Howletts erhalten die Affen über neunzig verschiedene Sorten Futter im Jahr.

Die jährlichen Futterrationen der Howletts-Gorillagruppe

Standardverpflegung		saisonabhängig	
5 000 Pfund	Äpfel	1 000 Pfund	Mais (ganze Pflanzen)
5 000 Pfund	Hagedorn/Stechpalmen	500 Pfund	Krauskohl
	Feld- und Bergahornblätter	500 Pfund	Porree
		500 Pfund	Pfirsiche
2 500 Liter	Milch	400 Pfund	Radieschen
3 000 Pfund	Bananen	300 Pfund	Paprikaschoten

Standardverpflegung

3 000 Pfund	Sellerie
3 000 Pfund	Salat
2 500	Flaschen Ribena-Saft
1 500 Pfund	Gurken/Tomaten
1 500 Pfund	Orangen
1 000 Pfund	Trauben
1000 Pfund	Mazuri Affen-Nahrung (Nüsse mit Spurenelementen und Vitaminen)
1 000 Pfund	Birnen
750 Pfund	Kohl
750 Pfund	Pampelmusen
750 Pfund	Fleisch
500 Pfund	Datteln/Pfirsiche getrocknete Pflaumen/ Sultaninen
500 Pfund	Zwiebeln
500 Pfund	Pastinak
500 Pfund	Ananas
500 Pfund	Kartoffeln
500 Pfund	Wasserkresse
300 Pfund	Erdnüsse
250 Pfund	Limonen
250 Pfund	Rüben
200	Dutzend Eier
100 Pfund	Weizen
60 Pfund	Schokolade
40 Pfund	Reis
30 Pfund	Gerste
25 Pfund	Salz
20 Pfund	Honig

saisonabhängig

250 Pfund	Chicoree
250 Pfund	Pflaumen
200 Pfund	Fenchel
200 Pfund	Mangroven
200 Pfund	Okra
200 Pfund	Zuckerrohr
200 Pfund	süße Kartoffeln
150 Pfund	dicke Bohnen
150 Pfund	Wicken
150 Pfund	Erbsen
100 Pfund	Paranüsse
100 Pfund	Kastanien
100 Pfund	Haselnüsse
100 Pfund	Mark
100 Pfund	Kletterbohnen
100 Pfund	Walnüsse
50 Pfund	Kirschen
50 Pfund	Graswurzeln
300 Pfund	Buchen/Eßkastanien/ Eichenzweige und -blätter
30 Pfund	schwarze Johannisbeeren
30 Pfund	Knollensellerie
30 Pfund	Petersilie
30 Pfund	Rosenblätter und Stengel
30 Pfund	Bocksbart
30 Pfund	Meerkohl
30 Pfund	Sauerampfer
25 Pfund	Himbeeren

Standardverpflegung

20 Pfund	Zuckermelasse
5 Pfund	Wacholderbeeren
200 Liter	Bier

saisonabhängig

25 Pfund	Erdbeeren
20 Pfund	Spargel
20 Pfund	Minzkraut
10 Pfund	Basilikum
10 Pfund	Waldbeeren
10 Pfund	Chinabeeren
10 Pfund	Dill
10 Pfund	Feigen/getrocknete Feigen/getrocknete Aprikosen/Korinthen
10 Pfund	Estragon

Sonderverpflegung

200 Pfund	Graubrot
100 Pfund	Lycheen
100 Pfund	Granatäpfel
40 Pfund	Uglis (eine Kreuzung von Mandarine und Pampelmuse)
20 Pfund	Kakao
20 Pfund	Marmelade
10 Pfund	Guajavas
5 Pfund	getrocknete Ingwerzehen
5 Pfund	Horlick
30 Pfund	Zimtäpfel

Diese Vielfalt halten wir für sehr wichtig, denn gerade in der Gefangenschaft ist sie für den anspruchsvollen Affen die Würze des Lebens – im wahrsten Sinne des Wortes. Wild lebende Gorillas bekommen das notwendige Tierprotein von den Mikroorganismen, die in großen Mengen in den Tropen leben. Im gemäßigten Klima jedoch sind Zusatzproteine notwendig. Pro Woche verfüttern wir an jedes Tier ein Kilo Fleisch, normalerweise gebraten oder zu einer Art Fleischeintopf zubereitet. Die Nahrungsaufnahme ist ein wichtiger kultureller Vorgang beim wild lebenden Menschenaffen, und das kann in der Gefangenschaft in gewissem Maße beibehalten werden. Es versetzt mir jedes Mal einen Schock, wenn ich sehen muß, wie einfallslos die Kost vieler Zoo-Gorillas ist. Nur in der Theorie ist die Versorgung mit gro-

Gugis
Dingy, Gugis und Ju Ju

ßen Mengen an Vitaminen und Spurenelementen für einen Gorilla ausreichend. In der Praxis aber gilt das Sprichwort »Ein knurrender Magen marschiert nicht gern« für eine Gorillatruppe ebenso wie für eine menschliche Armee. Wilde Gorillas tragen oft enorme Bäuche vor sich her. Viele Zoodirektoren würden bei ihrem Anblick entsetzt die Hände über dem Kopf zusammenschlagen, denn sie befürchten ständig Übergewicht und Bewegungsmangel.

Gorillas haben, wie andere Affen auch, die erstaunliche Fähigkeit, sich selbst unter den beengten räumlichen Verhältnissen im Zoologischen Garten physisch fit zu halten. Ihre Muskulatur scheint niemals ihre Spannkraft zu verlieren. Soviel ich weiß, hat bisher niemand genau erklären können, woran es liegt, daß sie ihre Muskeln so beweglich halten. Der Gorilla ist bei weitem stärker als jeder Mann, und ein ausgewachsener Gorilla von normaler Größe (350 Pfund) wird leicht mit fünf Schwergewichtsboxern fertig – und das mit Maulkorb.

Der Gorilla hat einen außergewöhnlich kräftigen Griff. Das hängt damit zusammen, daß er auf den Knöcheln gehen kann. Seine kräftigen, sehr belastbaren Gelenke und seine Pranken können schreckliche Verteidigungswaffen sein. Es soll vorgekommen sein, daß ein Gorilla in der Wildnis einem Mann mit einem Griff eine Wade weggerissen hat. Sollten Sie, lieber Leser, die Kraft und Fähigkeit eines Gorillas anzweifeln, dann besuchen Sie doch einmal den Zoo von Milwaukee und schauen Sie sich Samson an – den eindrucksvollsten Menschenaffen, den ich je gesehen habe.

Sam La Malfa, sein Wärter, begegnet ihm mit einer Mischung von Furcht und Zuneigung. Nach La Malfas eigenen Worten ist Samson »ein guter Junge«, verläßlich und zurückhaltend. Gerade in der Zurückhaltung seiner schrecklichen Kräfte liegt das Vornehme des Gorillas. Der berühmte Film GORILLA, der über das Leben des Wildhüters Adrian De Schruyver und seine Erfahrungen mit einer Berggorilla-Gruppe im östlichen Zaire berichtet, demonstriert deutlich das überraschend freundliche Wesen des Anführers. Obgleich er einige Male so ärgerlich über De Schruyver war, daß er ihn bedrohte, schreckte er vor dem tödlichen Schlag doch immer wieder zurück.

Einmal riß unser großer Gorilla Gugis aus, und mit ihm rannten vier weitere erwachsene Gorillas in den nur 1,20 Meter breiten Füttergang. Schuld daran war der damalige Tierarzt, Mr. Andrew. Er hatte einen schwerwiegenden Fehler gemacht, der ihn teuer zu stehen kam. Ich gab den Gorillas gerade einige leere Säcke zum Spielen und bat Andrew, auch Gugis und den anderen Erwachsenen im Schlafquartier ein paar Säcke hineinzuwerfen. Er muß irgendwie geistig abwesend gewesen sein, denn er öffnete die Gittertür, um die Säcke hineinzuwerfen. Als Gugis das Scheppern des Schlüssels und dann das Quietschen der Schiebetür hörte, rannte er herbei, um zu sehen, was los war. Blitzschnell hatte er die Situation erfaßt, stieß den entsetzten Tierarzt beiseite, biß ihm kräftig in den Arm und flüchtete in den Gang, gefolgt von Shamba, Mouila, Baby Doll und Ju Ju. Ich hörte die Angstschreie von Andrew, der ohne Zweifel dachte, sein letztes Stündchen hätte geschlagen, und rannte zum Ort des Tumults. Ich trat in den Gang, schrie Gugis mit sich überschlagender Stimme an und befahl ihm, zurück in seinen Käfig zu gehen. In diesem kritischen Augenblick versuchte ich instinktiv, auf meine frühere väterliche Autorität zu pochen. Zu meinem Erstaunen kehrte Gugis, gefolgt von mehreren Weibchen, gehorsam zu seiner Lagerstätte zurück.

Der Veterinär jammerte in der Küche und pflegte seine Wunden. Ich hatte andere Probleme. Ich hatte zwar die Flügeltüre zugezogen, konnte aber das Vorhängeschloß nicht finden. Als ich es einige Meter entfernt, doch außerhalb meiner Reichweite, entdeckte, hatte Gugis die Situation noch einmal abgeschätzt.

Ich sah, wie seine Augen erst zum Schloß, dann zu mir wanderten. Mit einer plötzlichen Bewegung riß er die Türe auf, die ich zuzuhalten versuchte, und stieß mich verächtlich beiseite. Er hatte meinen Bluff wirklich durchschaut, und ich konnte froh sein, daß es keine ernsteren Folgen für mich hatte. Wenige Minuten später tollten die Tiere durch den Garten, machten sich über Himbeeren, Erdbeeren und schwarze Johannisbeeren her und hinterließen im Treibhaus einen Pfad der Zerstörung. Ich trommelte alle verfügbaren Leute zusammen und mit Hilfe von kreischenden, flatternden Hühnern, die wir mit dem Kopf nach unten hielten, trieben wir alle Affen zurück ins Gehege – bis auf Baby Doll. Sie lief noch stundenlang frei herum. Die Furcht vor der Dunkelheit und die Versuchung in Form einer Flasche grünen Char-

Gugis: Die leicht zurückgezogenen Lippen sind ein Zeichen von Verärgerung.

treuse – einer Delikatesse, die sie bis dahin nur in winzigen Mengen gekostet hatte – sorgten schließlich dafür, daß sie trotz allem freiwillig in ihr altes Heim zurückkehrte. Am nächsten Morgen saß sie, den Kopf in die Hände gestützt, stöhnend in einer Ecke. Mit Fernet-Branca und Alka-Seltzer besiegten wir ihren Kater.

Die drei großen Gorillamännchen und Bustah, der Schimpansenführer, bekommen dreimal die Woche einen halben Liter Bier. Die Bierrunde ist aus ökonomischen Gründen auf diese vier begrenzt und anerkanntermaßen ein männliches Privileg. Wie bei allen Primaten, den Menschen eingeschlossen, ist die Vorherrschaft des Mannes Teil der natürlichen Ordnung. Das drückt sich schon in der physischen Erscheinung der Geschlechter aus. Ein ausgewachsenes männliches Tier ist zweimal so groß wie ein Durchschnittsweibchen. Das ist bei allen höherentwickelten Primaten mehr oder minder das gleiche.

Es zeugt von äußerster Arroganz zu glauben, daß dieser jahrtausendealte Entwicklungsprozeß nur reine Zeitverschwendung sein soll. Das Emanzipationsstreben der Frau erscheint in der Welt der Primaten wenig sinnvoll. Die Entwicklung lief von Anfang an in eine andere Richtung, und wer das leugnet, widersetzt sich einem uralten Entwicklungsprozeß. Bei der Führung und Verteidigung der Gruppe, bei der Entscheidung über Krieg und Frieden dominiert der Mann. Das steht außer Frage. Die Rolle des Weibes ist natürlich ebenso wichtig, aber ihre Kompetenz über den natürlichen Aufgabenbereich hinaus zu erweitern, fordert das Unheil geradezu heraus.

Vom Studium in der Wildnis lebender Gorillas wissen wir, daß ein Gorillaführer gewöhnlich von Natur aus tolerant, sogar gutmütig ist. In der Gefangenschaft ist das aber nicht immer der Fall. Vielleicht liegt es an der Frustration über die Enge und die geringen Möglichkeiten der Entwicklung der Verhaltensmuster, daß die Affen einige ihrer gutmütigen Wesenszüge verlieren.

Wer auf Dauer eine enge Beziehung mit einem ausgewachsenen, 400 Pfund schweren Gorilla überleben will, muß ihre Launen beobachten und deuten können. Ein einziger Fehler kann schwerwiegende Folgen haben. Kürzlich erst deutete meine Tochter Jamunda eine Geste Gugis, den sie von

Gugis mit dreizehn Jahren

klein auf kennt, falsch, als sie ihm Butterbrote gab. Den Irrtum mußte sie mit achtzehn Stichen in der Hand bezahlen.

Der Bildhauer David Wynne vertritt die Theorie, daß Furcht das magische Element ist, das eine Beziehung zwischen Mensch und wildem Tier veredeln kann. Die Liebe eines Mannes zu seinem Haustier, zu seinem Spaniel oder seinem Pferd, ist eine andere als die Liebe eines Mannes zu einem ungezähmten Tiger oder Rhinozeros, die sich Dressur und Zucht widersetzen. Furcht entstammt wahrscheinlich der Erinnerung an jene Zeit, als die Säugetiere unsere Konkurrenten waren. Aus der Furcht erwächst Respekt, und aus beidem zusammen kristallisieren sich reine Liebe und Verständnis heraus. Eine Liebe, für die zu finden man alles riskiert und nichts als den Einsatz zurückerwartet. Wie kann man das jemandem beschreiben – wie kann man es verständlich machen? Vielleicht werden diese seltenen Freuden nur wenigen Auserwählten vorbehalten bleiben. Vielleicht hat der Mensch sich in seinen natürlichen Eigenschaften zu sehr verändert, ist er zu weit der Straße gefolgt, die von der Wildnis wegführt. Vielleicht wird die vom Menschen geschaffene Kluft ihn selbst überdauern. Und wenn er sich dann eines Tages wiederfindet, wird er wahrscheinlich seine Artverwandten abgeschlachtet haben.

Ich hoffe nur, der große Gorilla findet genug Freunde, die ihn vor der Ausrottung bewahren. Wir haben ihn wegen seines Fleisches getötet. Wir haben ihn aus Jagdleidenschaft mit Großwildbüchsen erlegt, die die Durchschlagskraft von mehreren Tonnen haben. Wir haben ihn abgeschlachtet für die Museen und ihn gefangengenommen, um ihn in Zoo und Zirkus zur Schau zu stellen. Am schlimmsten aber ist, daß wir seine Wälder abgeholzt und ihm das Land seiner Ahnen gestohlen haben. Daß wir Rinder hineingeschickt und somit sichergestellt haben, daß für ihn dort nichts mehr wachsen wird. All seine Stärke und sein Mut, all seine Weisheit können ihm nun nicht mehr helfen. Er bittet uns um Hilfe, damit wir ihm zurückgeben, was einst ihm gehörte. Allein die Zeit wird zeigen, ob seine Stimme erhört und beachtet wird. –

Es ist ein langer und mühsamer Weg, das Vertrauen und die Zuneigung der Gorillas zu gewinnen und sie in ihren unterschiedlichen Charakteren kennen- und schätzenzulernen. Die ungeheure Vielfalt der Charaktere drückt sich in den unterschiedlichsten Physiognomien der Affen aus. Körperliche Unterschiede sind vermutlich in den Howletts-Gruppen eher sichtbar als bei einer wild lebenden Familie, denn alle zwölf Gorillas stammen aus der Wildnis, und es ist unwahrscheinlich, daß sie miteinander verwandt sind. (Bitam und Founa kommen aus dem Kongo. Toumbi wurde von Gabun aus verschifft, die anderen kamen alle in Südkamerun zur Welt.)

Ein wichtiger Vorteil, den das Fehlen verwandtschaftlicher Beziehungen mit sich bringt, ist die Genvielfalt. Inzuchtprobleme wird es bei uns in den kommenden Generationen kaum geben. Beobachter wilder Gorillas haben bei manchen Familien verblüffende Ähnlichkeiten im Aussehen festgestellt, die noch unterstrichen wurden durch übereinstimmende Merkmale hinsichtlich Temperament und Veranlagung. Mit Gewißheit kann ich aus eigener Erfahrung, die ich bei vielen Besuchen von Gorillas in anderen zoologischen Gärten der Welt gesammelt habe, sagen, daß sie sich voneinander mindestens ebenso unterscheiden wie wir Menschen. Ich will daher versuchen, dem Leser jeden einzelnen unserer Gorillas vorzustellen, und zwar in der Rangfolge ihres Alters.

Shamba, mit ungefähr neunzehn Jahren die älteste, ist ohne Zweifel die dominierende Figur unter den Weibchen, obgleich sie vor kurzem ihre Stellung gegenüber Mouila verteidigen mußte. Sie übernimmt die Verantwortung für die Gruppe, wenn die zwei großen Männer abwesend sind. Shamba ist wirklich eine Führernatur, wobei ihr ihr massiger Körper zustatten kommt. Größe und Alter sind wichtig, aber nicht entscheidend im Kampf um den Status. Wenn wir zwölf der Gorillas zusammenlassen (also die ganze Gruppe bis auf die zwei Erwachsenen Gugis und Kisoro und die von Hand gezogenen Babys) und ich dann das Gehege für eine Stunde zum Spielen betrete, ist Shamba gewöhnlich die letzte, die mich begrüßt. Oft suche ich sie sogar auf und lasse mich in ihrer Nähe nieder, um mich von den wilden, ungestümen Annäherungen von Mumbah und Djoum zu erholen. Der Respekt vor ihr ist so groß, daß ihre Nähe allein schon Schutz für mich bedeutet. Ich kann mich erinnern, daß sie bei den letzten Malen, die ich noch mit Gugis spielte, niemals von meiner Seite wich. Ihre Gegenwart war beruhigend, denn Gugis, damals elf Jahre alt mit einem Gewicht von 300 Pfund, war zu

der Zeit ein höchst unzuverlässiger Patron. Ihrem Schutz habe ich es zum größten Teil zu verdanken, daß ich bei diesem letzten Zusammentreffen nicht verletzt wurde.

Shamba ist sichtlich launischer als die anderen drei erwachsenen Weibchen, und ich getraue mich nicht, sie ohne ihre Ermunterung zu berühren oder zu kitzeln. Richard Johnstone-Scott, der die Oberaufsicht über die Gorillas hat, geht selten zu ihr in den Käfig, denn einmal hat sie ihn hinausgejagt – ohne Zweifel meinte sie es ernst. Es ist schwer zu sagen, ob diese Launenhaftigkeit zum Teil ein Begleitzustand ihres hohen sozialen Ansehens ist. Sie spielt gerne mit dem jüngeren Trio Bitam, Founa und Toumbi, und einmal habe ich gesehen, wie sie alle drei auf ihrem breiten Rücken trug.

Shamba ist zweifellos der geizigste unserer Gorillas und kann bei der Fütterung bösartig werden, zu ihren Kumpanen ebenso wie uns gegenüber. Wir müssen sie buchstäblich einschließen und allein füttern, um zu verhindern, daß sie den anderen das Fressen wegnimmt.

Sie ist außergewöhnlich hübsch mit klar gezeichneten Konturen. Vergleicht man ihr Gesicht mit dem Baby Dolls, so muß man feststellen, daß bei ihr die knötchenförmigen Unregelmäßigkeiten vollständig fehlen. Shamba hat, wie es ihrem Status zukommt, ein dominierendes Auftreten und nur wenig Geduld. Ich bin wirklich froh, daß sich hinter ihrer rauhen Schale ein anhängliches Wesen und ein warmes Herz verbergen. Einmal war ich allein mit ihr in ihrem Schlafquartier, und ich warf unbedacht einige ihrer übriggelassenen Früchte durch die Maschen zu Mouila und Ju Ju hinüber. Sie beschimpfte mich mit einem Schwall abgehackter, gebellähnlicher Laute, die ich aus Furcht lautstark erwiderte. Nach diesem Fluchkonzert zog ich mich aufs Stroh zurück und schmollte. Zu meinem Erstaunen und Entzücken kam sie mir nach, umarmte mich mit offen gezeigter Anhänglichkeit und trommelte mir, typisch für sie, dabei freundschaftlich auf dem Rücken herum. Ich beantwortete ihr Gurgeln mit meinen Freundschaftslauten, und wir sonnten uns in der Freude der Versöhnung.

Gorillas haben ausdrucksvolle Augen, und die Gefühle, die sich in ihnen widerspiegeln, sind unseren verblüffend ähnlich. Wut, Haß, Furcht, Liebe, Überraschung, Enttäuschung sind für das geübte Auge deutlich erkennbar.

Shamba auf der Kabelrolle

Von allen Gorillas in Howletts übertrifft nur Gugis Shamba an klassischer Schönheit. Seine Schönheit ist beinahe makellos, wären da nicht seine kleinen, gemeinen Augen. Man braucht sie nur einmal mit Kisoros Augen zu vergleichen. Gugis Augen sind die Fenster seiner Seele. Das beeindruckende Bild seiner Persönlichkeit wird getrübt von seiner Falschheit und seinem Neid. Gugis ist bei mir, seit er ein Jahr alt war, aber erst mit acht Jahren machten sich zum erstenmal Zeichen seiner Unberechenbarkeit bemerkbar. Er war immer ein »Muttersöhnchen« gewesen, hatte scheinbar mehr Anteilnahme gebraucht als seine Altersgenossin Shamba. Beim ersten Anzeichen von Gefahr flüchtete er sich in meine Arme oder kletterte auf meinen Rükken, um sich so schnell in Sicherheit zu bringen.

Seinem gewinnenden Charme konnte sich auch seine Ziehmutter, Mrs. Dorothy Hastings, nicht entziehen, und sie überschüttete ihn mit Liebe. (Mrs. Dorothy Hastings, die Mutter meiner ersten Frau Jane, zog Kivu – er starb nach neun Monaten –, Shamba, Gugis und Baby Doll groß.) Mich zog zum einen seine starke Persönlichkeit an, zum anderen die Tatsache, daß er das erste Männchen war, das wir großzogen. Den ersten Ärger mit ihm gab es im Sommer 1966, als wir durch den Park wanderten. Gugis umarmte mich mit freundlichem Grunzen. Ich hockte mich gegen den Stamm einer großen Kastanie, und Gugis setzte sich auf meine Knie. Ich erwiderte seine Geste mit einem Kuß in den Nacken, wurde aber belohnt mit einem Biß in die Backe. Gugis rannte sofort weg, und ich war so ärgerlich, daß ich über hundert Meter hinter ihm her rannte – mein »liebendes Herz« war schlimmer verletzt als mein Gesicht, das nur eine leichte Schramme aufwies. Dann aber schenkte ich dem Vorfall keine weitere Beachtung, wohl nach dem Motto: im Zweifel für den Angeklagten. Ich konnte und wollte einfach nicht glauben, daß sich in seinem Gemüt Heimtücke eingeschlichen hatte. Einige Monate später jedoch ereignete sich ein ähnlicher Vorfall – dieses Mal in seinem Schlafquartier. Wieder biß er mir ins Gesicht, während er vorgab, mit mir schmusen zu wollen.

Im Laufe der Jahre wurde mir klar, daß Gugis einen Charakterfehler besaß, der es mir unmöglich machen würde, mit ihm zu spielen, wenn er voll ausgewachsen war. Man könnte diese seltsame Abartigkeit als Scheinheilig-

Gugis spielt den »wilden Mann«

keit bezeichnen, denn er spiegelt ein Gefühl vor, das gar nicht besteht. Bestenfalls könnte man sagen, daß seine Launen außergewöhnlich schnell und ohne Vorankündigung wechseln. Nach einer Weile wußten die anderen Gorillas darüber Bescheid, und es ist fraglich, ob Gugis in der Wildnis jemals Patriarch einer Familie geworden wäre. Die Frauen sind, obgleich sie ihn mögen, in seiner Gegenwart nervös, da sie leicht unfreiwillig zum Blitzableiter seiner Aggressionen werden können. Sie spielen selten, wenn er dabei ist, da sie sich beim Spiel entspannen müssen. Ich weiß nicht, ob es vielleicht das Mißtrauen gegen ihn ist, das seine Zeugungsfähigkeit beeinträchtigt. Wir haben beobachtet, daß er während der letzten sechs Jahre Shamba, Mouila und Ju Ju viele Male begattet hat, Baby Doll aber nur einmal. Wenn wir mit Kisoro mehr Zuchterfolge haben, werden wir Gugis betäuben und herausfinden, ob er impotent oder unfruchtbar ist. Johnstone-Scott hat bemerkt, daß er nach der Vereinigung das Glied meist sofort herauszieht, und es fragt sich, ob diese Ungeduld darauf zurückzuführen ist, daß er nicht zum Höhepunkt kommt.

Mit den fünf jüngsten Mitgliedern der Kolonie können wir ihn nicht zusammenlassen. Er hat einfach keine Geduld mit den Kleinen und scheint sich über die Beachtung zu ärgern, die die Wärter und die erwachsenen Gorillafrauen ihnen schenken. Wir haben oftmals gezittert und gebebt, wenn wir das Gitter öffneten, das ihn von den jungen Gorillas trennt. Das Ergebnis war jedesmal deprimierend. Beim letzten Mal nahm er Mushie hoch und schmiß sie fünf Meter hoch in die Luft. Glücklicherweise landete sie unverletzt im weichen Stroh. Viele zoologische Gärten haben bei den »Silbernacken« ein ähnliches Benehmen festgestellt. Manche aber werden ruhiger und gute Väter. In der Wildnis kennt man dieses Problem jedoch nicht, denn dort wird innerhalb der Familie Toleranz großgeschrieben.

Um Gugis nicht unrecht zu tun, muß man aber sagen, daß er öfter bellt als beißt. Einmal öffnete ich aus Versehen ein falsches Gatter und sah, wie er auf die Jungen zuschoß. Zu meinem Entsetzen nahm er sofort den damals erst dreijährigen Djoum aufs Korn. Djoum sprang schutzsuchend auf Mouilas Schultern, aber da hatte Gugis auch schon seine Zähne in seinem Rücken vergraben. Als wir Djoum später voller Sorge untersuchten, konnten wir jedoch keinen Kratzer feststellen. Wir wissen, daß es Gugis Spaß macht, andere zu »necken«, aber auch das ist in unseren Augen ein Zeichen seiner Launenhaftigkeit. Natürlich rechnet man bei ausgewachsenen Gorillas damit, daß sie ab und zu Aggressionen zeigen. Beim normalen Tier aber ist das deutlich erkennbar, z. B. durch Zurückziehen der Lippen, Aufrichten des Körperhaars und durch abschweifende Blicke. Wie beim Menschen aber signalisieren vor allem die Augen einen bevorstehenden Angriff aus Eifersucht, Ärger oder sogar aus Furcht.

Wenn man die ungewöhnliche Stärke eines besessenen Affen erlebt hat, ist es leichter, die Amokläufe nordischer Berserker zu verstehen, wie sie uns in der Islandsage überliefert sind. Ein klassisches Beispiel ist die »Heldentat« von Thorolf Skallagrimsson in der Schlacht von Brunanburgh im Jahre 937 A. D.

> Thorolf war so außer sich, daß er den Schild auf den Rücken warf und, den Speer mit beiden Händen fassend, wild um sich schlagend vorwärtsstürzte. Die Männer flohen vor ihm, doch er tötete viele. So bahnte er sich seinen Weg bis zur Standarte von Hring (einem der feindlichen Führer), und nichts konnte ihn aufhalten. Er tötete die Männer, die sie trugen, und schlug den Fahnenmast durch. Dann stieß er den Speer durch Panzerhemd und Brust des Jarls, so daß er zwischen den Schultern wieder heraustrat. Er hob den Speer über den Kopf und rammte ihn in den Boden. Der Jarl hauchte, auf dem Speer aufgespießt, sein Leben aus, weithin sichtbar für Freund und Feind.

Ein amerikanisches Forschungszentrum für Menschenaffen berichtete von einem nur 120 Pfund wiegenden Schimpansenweibchen, das 1 350 Pfund ziehen konnte. Solche Kraftakte kommen nur selten vor, und da ihnen immer eine ausgefeilte Schau vorangeht, dienen sie ohne Zweifel der Abschreckung möglicher Angreifer oder Rivalen. Gorillas können, wie alle Menschenaffen, auch als Gruppe einer plötzlichen Bedrohung entgegentreten. Bestimmte schrille Alarmschreie lösen diese Reaktion aus. Ich erinnere mich, daß ich einmal den Fotografen einer Londoner Zeitung mit auf einen Gorillaspaziergang nahm. Ich hatte ihn darauf vorbereitet, daß einige der Affen den Wunsch haben könnten, an ihm herumzuklettern und aus Neugier seine Person zu untersuchen. Für diesen Fall riet ich ihm, ruhig zu bleiben und zu warten, bis die Inspektion vorüber war. Auf keinen Fall sollte er den Versuch machen, sich mit Gewalt zu befreien. Das Unvermeidbare passierte prompt. Ju Ju klammerte sich an dem Fremden fest. Er brach in Panik aus und versuchte, sich zu befreien. Ju Ju schrie vor Furcht, weil sie dachte, sie würde angegriffen, und einen Augenblick später stürzten sechs Gorillas zum Schauplatz der Rauferei. Wäre es mir nicht gelungen, Ju Ju sofort aus seinen Armen zu zerren, wäre der Fotograf schlimm zugerichtet worden. Danach spürte er kein Verlangen mehr, seinen Spaziergang fortzusetzen, zumal seine Kamera beim Handgemenge ihren Geist aufgegeben hatte.

Gugis gebraucht eine weite Skala von Lauten und Zeichen, um anzuzeigen, was er will. Er hat z. B. verschiedene Möglichkeiten kundzutun, daß er hungrig ist. Die zurückhaltendste Äußerung ist ein gutmütiges Grunzen, ungefähr wie »Jum-Jum«. Eine Aneinanderreihung solcher Laute bedeutet, daß er das Abendessen oder die Verteilung eines Sackes mit Nüssen oder Korinthen erwartet. Ju Ju ergänzt dieses Gestammel manchmal durch Erwartungsschreie in den höchsten Tönen. Als nächstes bläst Gugis Luft durch die Lippen, so daß es sich anhört wie orale Blähungen. Diese Botschaft hat eine besondere Bedeutung – er möchte etwas zu essen haben, was gerade greifbar ist oder was er sehen kann. Noch fordernder ist ein kußähnlicher Laut. Und wenn auch das nichts nützt, hat er eine weitere Variante anzubieten: Er stopft Stroh durch die Stäbe oder Maschen seines Käfigs. Das ist sein allerletztes Mittel, Aufmerksamkeit zu erregen. Gewöhnlich hat er damit Erfolg, denn wenn kein Essen kommt, hört er nicht mehr auf damit, und wir haben einen schrecklichen Dreckhaufen zu beseitigen. Bis zu einem gewissen Grade können Gorillas auch Sprache verstehen, besonders, wenn es sie direkt betrifft. Sage ich zu meiner Frau: »Ich glaube, ich hole jetzt Bier für die Gorillas«, dann geht Gugis ruhig zur Öffnung, durch die ich ihm seine Bierflasche reiche. Nur die drei großen Männchen, Gugis, Kisoro und Mumbah, bekommen Bier, meist zweimal die Woche. Mumbah, der jüngste, schüttelt die Dose, damit das Bier herausspritzt, wenn er den Verschlußring aufzieht.

Gugis dagegen läßt keinen Tropfen verkommen, er ist viel zu alt für solche Frivolitäten. Kisoro, unser Neuling, hat die Technik des Dosenöffnens noch nicht begriffen. Er durchlöchert die Dose mit seinen Eckzähnen und schlürft eifrig jeden Tropfen heraus, zum wachsenden Neid der zuschauenden Frauen. Die leeren Dosen dienen als Spielzeug für die Jugendlichen, die sie in ihre verschiedenen Spiele wie z. B. »Fangen«, »Catchen« oder »Ringelreihen« mit einbeziehen.

Mouila ist in Erscheinung und Charakter genau das, was man von einem sechzehnjährigen Gorillamädchen erwartet – ein richtiger Modellaffe. Mit 200 Pfund ist sie weder zu dick noch zu dünn. Da sie dem Rang nach gleich hinter Shamba kommt, führt sie ein ziemlich streßfreies Dasein. Das wird noch unterstrichen durch ihr gepflegtes Aussehen. Die Unsitte, das Körperhaar auszurupfen, beschränkt sich in der Gefangenschaft im allgemeinen auf die erwachsenen Tiere niedrigeren Ranges. Jane Goodall hat diese Erfahrung allerdings auch bei der Beobachtung wild lebender Schimpansen im Gombi-Wald gemacht und in ihrem Buch »In the Shadow of Man« darüber berichtet.

Molly Badham, die großen Erfolg hatte bei der Aufzucht von Menschenaffen im Twycress Zoo nahe Atherstone, glaubt, daß das »Rupfen« ansteckend ist. Sie rät dringend, keinen als »Rupfer« bekannten Affen in eine Kolonie aufzunehmen, die frei davon ist. In den letzten Jahren haben Baby Doll und Ju Ju, die größten Sünder in dieser Hinsicht, ihre Unsitte fast völlig abgelegt. Bei unseren Schimpansen ist das »Rupfen« jedoch stark verbreitet, ja sie haben es sogar vervollkommnet. Das »kollektive Rupfen« scheint ein Auswuchs des tiefverwurzelten Impulses zu sein, sich gegenseitig zu »verschönern«.

Mouila ist den jungen Gorillas gegenüber tolerant und spielt gutgelaunt jeden Tag eine Stunde oder länger mit ihnen. Founa zieht sie etwas vor, wogegen Shamba sich lieber in Bitams Gesellschaft aufhält. In diesem Zusammenhang ist es interessant festzustellen, daß der junge Mumbah selbst bei einem Gewicht von 252 Pfund noch nicht genug Selbstvertrauen entwickelt hat, eine der älteren Frauen herauszufordern. Selbst Ju Ju mit ihren 185 Pfund hat ihre Überlegenheit gegenüber dem elf Jahre alten Schwarzrücken

Mouila versetzt mir einen Liebesbiß

bewahrt. Dieser Status quo kann allerdings nicht viel länger bestehenbleiben, denn bei der jetzigen Wachstumsrate nimmt Mumbah ein Pfund pro Woche zu – bald schon wird einfach seine Größe die Sache klären.

George Schaller stellte fest, daß in freier Wildbahn alle erwachsenen männlichen Gorillas im Rang über allen Weibchen stehen. Ich selbst kenne einen Fall aus einem privaten Zoo – Gordon Mills Gorillakolonie in Weybridge, Surrey –, in dem der männliche Gorilla Olly so vollständig von zwei großen Frauen beherrscht wird, daß bisher keine Begattung beobachtet werden konnte. Olly ist jedoch ein außergewöhnlich kleines Männchen.

Der Dominanzfaktor ist entscheidend bei der Begattung der Affen, wenn auch nicht in dem Maße wie bei Elefanten. Dr. John F. Eisenbergs Studie über Ceylon-Elefanten bestätigt, daß eine Kuh nur dann die Annäherungsversuche eines Bullen erträgt, wenn sie vor Furcht paralysiert ist. Bei Affen und Menschen ist die Angelegenheit weniger drastisch, aber dennoch eindeutig. Sich einem Mann hinzugeben, bedeutet, daß man sich ihm unterwerfen muß, und ein wenig Furcht ist immer dabei.

Diese Geste der Hingabe wird von Gorillas beiderlei Geschlechts auch als eine nichtsexuelle Demutsbezeugung angewandt. Wenn eine solch unterwürfige Haltung eingenommen, aber nicht beachtet wird, löst das heftige Empörung beim Opfer aus. Ich habe mehrere Male beobachtet, daß Gugis diese heiligen Regeln mißachtete und in den dargebotenen Rücken hineinbiß. Solche Falschheit versetzt die anderen der Gruppe in unheimliche Wut, und gewöhnlich hat Gugis seinen Abgang schon vorher eingeplant.

Während der Mensch seine waffenlose Hand zum Handschlag reicht, bietet der Gorilla seinen ungeschützten Arm als Pfand – ich habe selten gesehen, daß diese Geste mißbraucht wurde. Beobachtet man die Gorillas, so sieht man auch, wie der Kuß entstanden ist. Beim Gorilla ist der Kuß nicht mehr als eine um Futter bittende Geste, Futter, das von einem hochstehenden Affen gerade gekaut wird. Affen haben einen Regurgitations- oder Würgemechanismus, der ihnen einen »Nachtisch« mit halbverdautem Essen beschert. Anthropologen glauben, daß vorgeschichtliche Frauen diese Technik anwandten, um ihren Nachwuchs von Mund zu Mund mit Nahrung zu versorgen, und so den Kuß einführten.

Zum Beweis gegenseitiger Anhänglichkeit umarmen sich Gorillas im Stehen, wobei sie zufrieden grollen. Manchmal schlagen sie sich zärtlich mit der Innenseite der Hand auf den Rücken. Ein Wiedersehen nach langer Trennung wird normalerweise mit dieser Begrüßung eingeleitet, oft mit halbgeschlossenen Augen. Mit dem Kopf-zu-Schwanz-Tandem-Tanz scheinen die Weibchen ihre Beziehungen zu festigen. Oft habe ich Shamba, Mouila und Ju Ju in dieser Art aneinanderhängen sehen. Aus irgendeinem Grunde tritt dieses Verhalten oft in der Brunftzeit auf.

Bedenkt man, daß eine Bedrohung von außen ebenso fehlt wie Familienverwandtschaft, dann ist es überraschend, wie anhänglich und zufrieden die Howletts-Gorillas sind. Man hat immer den Eindruck, als existierte hinter dieser Fassade von Gleichgültigkeit und Verschlossenheit unterschwellig ein beinahe leidenschaftliches Zusammengehörigkeitsgefühl. Ich kann die Gorillas, selbst Gugis, sofort zu meiner Verteidigung herbeirufen, wenn ich einen Scheinkampf mit einem Fremden führe. Das ist ein entscheidender Test, denn damit erhalte ich den Beweis, daß ich als wertvolles Mitglied ihrer Gruppe gelte.

Der Außenseiter in der Kolonie ist Baby Doll. Zuerst hieß sie Yaounde. Sie wurde mir von einem Tierhändler ins Bett gelegt, der gerade aus Westafrika zurückgekommen war. Sie war erst sechzehn Wochen alt und wog sieben Pfund. Baby Doll ist der einzige Gorilla in der Gruppe, der unter dem Einfluß der Menschen gelitten haben könnte. Sie hat es niemals fertiggebracht, sich den anderen völlig anzupassen. Es kann natürlich auch sein, daß sie eine geborene Exzentrikerin ist, aber ihre frühe Gefangennahme und die Möglichkeiten, die sich daraus für psychische Störungen ergeben, sind nicht von der Hand zu weisen. Für einen Affen ihrer Größe und ihrer Persönlichkeit steht sie in einem niedrigeren Rang, als man annehmen sollte. Es mag daran liegen, daß sie bei einem Streit weniger auf Freunde zählen kann. Das wird ausgeglichen durch ihr großes Geschick, mit dem sie Gugis und Kisoro zu nehmen weiß. Sie erlaubt sich größere Freiheiten bei den zwei Silbernakken als irgendeine der anderen Frauen. Sie ist der einzige Gorilla, der mit sichtbarer Freude mit Gugis spielt, und als Gegenleistung behandelt er sie mit großer Toleranz, die er sonst selten gewährt.

Baby Doll fürchtet sich fast gar nicht vor unbekannten Dingen, und selbst quiekendes Spielzeug und Gummischlangen, die Shamba und Mouila in panischen Schrecken versetzen, rufen in ihr nur Neugier wach. Wenn sie im Besitz eines solchen Objektes ist, dann genießt sie den Vorteil, den es ihr bietet. Sie plaziert es auf dem Kopf oder preßt es zwischen ihre Beine und läuft, wohin sie gerade will – die anderen Gorillas machen einen weiten Bogen um sie.

Baby Doll ist immer schon der Wildfang der Familie gewesen. Sie hat eine Vorliebe für grobe Raufereien, wie sie die jungen Männer lieben. An den Haaren ziehen, am Ärmel festhalten, auf den Rücken schlagen und, was das Schlimmste ist, der »Überwältigungssprung«, alle diese Ungezogenheiten gehören zu ihrem Repertoire. Vor allen Dingen das letzte Spiel ist für einen menschlichen Partner wenig erfreulich. Dabei springt sie nämlich aus einer Höhe von bis zu vier Metern herunter und reißt einen zu Boden. Alles nur aus Spaß, versteht sich, aber dennoch ziemlich gefährlich, wenn man nicht darauf vorbereitet ist oder wenn man sich in den Schlafquartieren ohne den Schutz eines dicken Strohteppichs aufhält.

Baby Doll ist die einzige Erwachsene, die Kindheitstraumata zeigt. Sie ist ein Daumenlutscher und ein Fenstergucker. Diese Angewohnheiten haben sich bis heute erhalten. Die erste ist Psychoanalytikern als klassisches Beispiel einer Ersatzhandlung bestens bekannt. Die zweite ist ein Relikt aus ihren Kindertagen, als sie mit der Flasche großgezogen wurde. Der Kotten, in dem sie bis zu ihrem dritten Lebensjahr wohnte, ist vom Gorillakomplex aus deutlich zu sehen. An manchen Abenden trotzt sie Wind und Wetter und starrt verlangend hinüber, sieht die Lichter und lauscht den Geräuschen einer fröhlichen Gesellschaft, zu der sie nicht länger gehört. Bei solchen Gelegenheiten huschen meine Tochter und ich dann hinaus und geben ihr kleine Leckerbissen, um sie zu trösten und ihr über den Verlust hinwegzuhelfen. Richard Johnstone-Scott fühlt sich besonders zu Baby Doll hingezogen, und ich möchte fast behaupten, daß sie im Kampf um seine Gunst dicht hinter seiner Frau liegt.

Kisoro paart sich mit Baby Doll in jeder Brunftzeit, manchmal mit angewinkeltem Bein, um besser in sie eindringen zu können. Ende 1974 hatte Baby Doll dreimal ihre Periode nicht, und wir hofften schon stark auf Nach-

Baby Doll

wuchs. Ein Urintest jedoch verlief negativ, und sie bekam ihre Regel wieder. Wir glauben, daß sie eine innerliche Fehlgeburt hatte und den Fötus absorbierte, was bei Primaten während der ersten Schwangerschaft öfter vorkommt. Jetzt aber hat sie Nachwuchs bekommen. Es war ein Freudentag in Howletts – beinahe ein Tag der Wiedergutmachung, denn wir fühlen uns immer etwas schuldig an ihrer Vereinsamung.

Ein außergewöhnlicher Vorfall ereignete sich im Gorillarium an einem Wochenende Anfang 1975. Gugis durchbrach die schweren Eisenstangen, die sein Schlafquartier abriegeln, und drang in Shambas Raum ein. Sie war im fünften Monat schwanger und allein. Gugis vertrimmte sie, obwohl sie nach draußen rannte, um ihm zu entkommen. Der Schaden, den Gugis anrichtete, als er sich seinen Weg durch die Eisenstangen bahnte, zeigte seine ungeheure Kraft und Stärke. Shamba mußte an dem nassen Februarmorgen mehrere Stunden in der Kälte verbringen, bis gegen 8.30 Uhr Hilfe kam. Wir nehmen an, daß Gugis seine Attacke gegen drei oder vier Uhr morgens startete. Shambas massiver Körperbau kam ihr zustatten, auch wohl ihre alte Bindung zu Gugis aus Kindertagen. Wahrscheinlich sollte es nur eine Züchtigung sein.

Schon seit langem haben wir uns damit abgefunden, daß Gugis seine Wut an alleinstehenden Weibchen abreagiert, und immer darauf geachtet, daß wir niemals weniger als zwei Frauen mit ihm zusammenlassen. Die einzige, die er nicht in dieser »Kavaliersmanier« behandelt, ist Baby Doll. Könnte der Grund dafür darin liegen, daß er sich auf sexuellem Gebiet nicht für sie interessiert? Ernst Lang berichtete mir, daß Stefi in Basel ein Weibchen oft verprügelte, um dann mit ihr zu verkehren. Nach dieser Information über einen so erfolgreichen Zuchtgorilla ließen wir Mouila eine ganze Nacht mit Gugis zusammen. Am Morgen aber befand sie sich in einem erbarmungswürdigen Zustand. Wir haben niemals wieder gewagt, dieses Risiko einzugehen.

Die zwei Aufseher und ich haben gemerkt, daß Gugis seit der Ankunft Kisoros im September 1973 merklich unruhiger geworden ist. In der Zeit vor Kisoro waren seine schlechten Launen die Ausnahme, heute scheinen sie die Regel zu werden. Seine innere Spannung zeigt sich im Zähneknirschen und

Strohessen. Zähneknirschen und Freßzwang sind auch beim Menschen bekannte Streß-Symptome.

Kisoros Anwesenheit in der Gruppe brachte auch einen Vorteil. Baby Doll hat ihre Jugendliebe zu Richard auf Kisoro übertragen. Früher, als Baby Doll während der vier oder fünf Tage Brunftzeit von Gugis nur unzulänglich befriedigt wurde, versuchte sie erfolglos, Richard zu Liebesakten zu bewegen. Vor Kisoros Ankunft hatte er Gugis nur einmal mit Baby Doll zusammen gesehen. Baby Dolls Leidenschaft für ihren Pfleger entwickelte sich zu einem regelrechten Komplex, und da sie überhaupt keine Befriedigung von ihm erhielt, rächte sie sich manchmal mit offener Aggression. Zur beiderseitigen Erleichterung paart sich Kisoro zu den bestimmten Zeiten nun ausgiebig mit ihr.

Baby Doll ist ein sehr schönes Tier, wenn auch etwas krummarmig. Sie hat weniger Bauch als die anderen, und ihr faltiges Gesicht besitzt große Ausdrucksfähigkeit. Baby Doll strahlt etwas Geheimnisvolles aus, einen seltsamen Reiz, der sie sehr anziehend macht und sie irgendwie von den anderen Affen unterscheidet. Kommt das vom engen menschlichen Kontakt in ihrer Kindheit? Ich glaube eigentlich nicht, zumindest nicht ausschließlich.

Diese eigenartige Anziehungskraft und ihre Exzentrik sind Baby Dolls hervorstechendste Wesenszüge. Obgleich sie nicht kämpferisch veranlagt ist und kein Statusbewußtsein besitzt, hat sie doch ihre eigene Art von Mut. In fremder Umgebung bewahrt sie die Ruhe. Bei den vier oder fünf Gelegenheiten, bei denen die erwachsenen Tiere en masse ausgebrochen sind, hat nur Baby Doll es verstanden, ihre Freiheit voll auszunützen – und jedes Mal war Baby Doll die letzte, die eingefangen wurde. Nur mit gutem Zureden und Locken konnten wir sie dazu bewegen, ins Gehege zurückzukehren.

Richard fand heraus, daß man bei ihr am leichtesten etwas erreicht, wenn man das Gegenteil von dem fordert, was man eigentlich möchte. Im Laufe der Zeit jedoch hat sie selbst diese List durchschaut. Bluff, doppelter Bluff und Gegenbluff, sie kennt jede Variante des Spiels. Ist sie mit einem Gorillaweibchen höheren Ranges, z. B. mit Mouila, zusammen, so hält sie sich im Hintergrund, um mir so die Möglichkeit zu geben, ihr einen Leckerbissen zuzustecken, ohne daß es die Aufmerksamkeit des älteren Affen erregt. Ich verstecke dann ein Stückchen in meiner Hosentasche und reiche es ihr, wenn Mouila anderweitig beschäftigt ist. Ist das gelungen, wird das Essen geräuschlos verzehrt. Wenn Mouila dann mißtrauisch wird, sieht sie nur zwei Verschwörer, die sie mit unschuldigem Blick mustern.

Baby Doll ist neben Gugis der einzige Gorilla, der durch seltsame Blaselaute anzeigt, daß er etwas zu fressen haben möchte. Sie macht es jedoch nur, wenn sie allein ist oder in Begleitung jüngerer Tiere.

Eins machen alle Gorillas gerne. Sie balancieren gern Objekte auf dem Kopf. Baby Doll allerdings macht dies häufiger als die anderen Affen. Ähnliches kann man auch in der Wildnis oft beobachten, doch man weiß nicht, was es bedeutet. Oft tragen Gorillas Dinge, die Menschen sich unter den Arm klemmen würden, auch auf den Hüften.

Baby Doll hat etwas von einer Einsiedlerin an sich. Aus ihrem Benehmen läßt sich schließen, daß sie sich von Zeit zu Zeit ganz von der Horde absondern würde, falls sie die Möglichkeit hätte. Es ist bekannt, daß sich in der Wildnis manche Gorillas tagelang von der Horde abseits halten. Man weiß aber auch, daß diese Gewohnheit normalerweise nur auf erwachsene Männchen zutrifft, von denen einige dann, so glaubt man, zu wirklichen Einzelgängern werden.

Etwas jünger und zierlicher als Baby Doll ist Ju Ju. Im Februar 1974 erkrankte sie – wie auch Kisoro und Mouila – an einer Virusinfektion, an der sie beinahe gestorben wäre. Die beiden anderen Affen erholten sich nach einem kleinen Rückschlag schnell, Ju Ju aber wurde immer weniger, bis sie beinahe nur noch ein Schatten ihrer selbst war. Der Virus war nicht identifizierbar, und es kam der Zeitpunkt, an dem wir alle Hoffnungen aufgaben. Nächtelang wichen wir nicht von ihrer Seite, doch nach Gorillaart ließ sie sich nicht anmerken, daß unsere Gegenwart ihr wohltat. Dennoch zahlten sich unsere Nachtwachen aus. Wir fütterten sie ständig mit Suppen und Haferschleim, und so verhinderten wir, daß ihr Körper austrocknete. Denn das wäre das Ende gewesen.

Gorillas suchen den Grund ihrer Schmerzen bei der Person oder bei dem Affen, der sich in ihrer Nähe aufhält. Ganz ohne Logik ist das ja nicht. Aber irgendwie scheinen sie das tiefe Mitgefühl zu spüren, das ihre menschlichen

Freunde bewegt. Ju Ju wurde dank des Könnens unseres Tierarztes Tom Begg und vor allem dank ihres eigenen unbezwingbaren Lebenswillens wieder gesund. Ihre Genesung dauerte volle zwei Monate. Aber bereits im August 1974 war sie von Kisoro schwanger – eine außergewöhnliche Wende des Schicksals.

Obgleich Ju Ju im Grunde ein ganz normaler Gorilla ist, so hat sie doch ein oder zwei sehr außergewöhnliche Eigenarten. Eine davon ist, daß sie eine milde Form der Geißelung liebt. Es bereitet ihr Vergnügen, sich mit einem Stöckchen leichte Schläge auf den Kopf oder den Arm versetzen zu lassen. Manchmal sucht sie sich einen geeigneten Rohrstock und drückt ihn mir in die Hand. Dann kauert sie sich hin und wartet mit Entzücken auf einen Hagel von Schlägen, vorausgesetzt natürlich, sie sind nicht zu fest. Ein Gorilla, der sich gern geißeln läßt, ist sicherlich auf der ganzen Welt einmalig.

Bassa mit Ju Ju, damals trächtig mit Kisoro

Ju Ju ist die zärtlichste und verläßlichste der erwachsenen Tiere, und wir legten unseren Sohn Bassa in ihren Arm, als er erst sechs Monate alt war. Als er älter wurde, lernte Bassa, auf ihrem Rücken zu reiten. Selbst hoch in Umständen, war sie entzückt über sein Erscheinen und zeterte, wenn er wegging. Die einzige Gefahr in der Beziehung zwischen Ju Ju und Bassa lag darin, daß Bassa sich nicht wie ein echter Affe mit allen vieren an Ju Ju klammern konnte. Wäre Ju Ju mit Bassa auf dem Arm auf das Dach des zehn Meter hohen Käfigs geklettert, so hätte Bassa sich wahrscheinlich nicht halten können und wäre hinuntergestürzt.

Zu unserer großen Erleichterung schien Ju Ju diese Schwäche Bassas zu kennen. Sie machte niemals den Versuch, den Boden zu verlassen. Wenn man ein Tier als Pflegemutter für ein menschliches Baby aussuchen müßte, so würde ich ohne Zögern den auf dem Boden lebenden Gorilla jedem anderen Affen vorziehen. Mir sind zwei Fälle bekannt, in denen Gorillas andere Tiere »adoptiert« haben. Das bekannteste Beispiel hierfür war die Liebe von Mrs. Hoyts großem weiblichem Gorilla Toto zu einer Katze. Toto blieb ihrem Liebling treu, bis dieser starb. Nach einer angemessenen Zeit suchte sie sich dann ein anderes Kätzchen aus einem Wurf von sechsen aus. Toto behandelte ihr Mündel mit größter Sorgfalt und Anhänglichkeit. Ähnliche Erfahrungen wurden auch bei Gordon Mills Weybridge-Gruppe gemacht. Hier hatte Olly vor Ankunft seiner beiden Gefährten einen jungen Hund als Spielgefährten. Olly fühlte sich sofort zu ihm hingezogen, und die zwei wurden unzertrennlich. Olly war dem kleinen Hund so zugetan, daß der Eigentümer beschloß, dem Experiment aus Angst vor eventuellen schlechten Einflüssen auf die anderen ein Ende zu machen.

Anders als die Schimpansen, sind Gorillas kleinen Säugetieren gegenüber niemals feindselig eingestellt. Nur vor Schlangen haben sie eine angeborene Furcht. Da Schimpansen zum Teil Fleischfresser sind, sind sie schnell zum Töten bereit und fressen kleine Tiere oder Vögel, die ihnen über den Weg laufen. In der Wildnis organisieren sie sogar Jagden. Nicht so der Gorilla. Die Gegenwart eines fremden Felltieres erweckt seine Neugier. Wenn die Kreatur ihm unbekannt ist, ist seine Vorsicht allerdings größer.

Einmal schlich sich ein Kaninchen ins Affengehege ein. Als die Gorillas am Morgen zu spielen begannen, scheuchten sie es aus einem Strohhaufen auf. Einen Augenblick lang standen sie starr vor Erstaunen da. Schimpansen oder primitive Menschen hätten es ohne zu zögern und ohne Schwierigkeiten getötet, denn die tiefe Streu machte eine schnelle Flucht unmöglich. Die Gorillas reagierten unterschiedlich, je nach Temperament und Stellung. Gugis versuchte nach zaghafter Betrachtung, das Kaninchen im Stroh zu vergraben, damit man es nicht mehr sehen konnte. Mouila und Shamba fuhren dem Kaninchen nervös mit den Fingerspitzen durchs Fell und zuckten jedesmal zurück, wenn es sich bewegte. Baby Doll versuchte, das Kaninchen hochzuheben und wegzutragen, als wäre es eine Art Spielzeug. Es gelang uns, das Kaninchen unverletzt herauszuholen und im Garten freizulassen.

George Schaller beschreibt, wie er einmal eine Gorillahorde an einer auf dem Boden hockenden Erdtaube vorbeiziehen sah, die es gewagt hatte, ihr Nest mitten auf dem Gorillapfad zu bauen. Nur die Kleinen blieben stehen, um den Vogel näher zu betrachten, eines berührte ihn zart am Kopf. Diese Großzügigkeit kleinen Tieren gegenüber erstreckt sich allerdings nicht auf Ratten. Ein- oder zweimal haben wir morgens tote, aber nicht angefressene Ratten auf dem Boden liegen sehen. Sie waren offensichtlich durch einen Schlag auf den Kopf zerschmettert worden.

Der Urinstinkt der Gorillas scheint sie vor Schlangen und auch vor Pilzen zu warnen. Einmal haben wir versucht, sie mit frischen Champignons zu lokken, aber sie zeigten unverhohlene Abscheu. Die Furcht vor Schlangen scheint bei den Menschenaffen allgemein verbreitet zu sein. Viele Züchter gebrauchen Gummischlangen, um die Tiere von einem Gehege ins andere zu treiben, oder auch zum eigenen Schutz, sozusagen als Talisman. Wir haben nie zu diesem Hilfsmittel gegriffen, ebensowenig übrigens wie zum elektrischen Stock. Er wird oft bei der »Arbeit« mit Zirkustieren benutzt.

Nach Gugis und Kisoro ist Mumbah der nächste männliche Gorilla in der Hierarchie. Er ist jetzt gerade elf Jahre alt geworden und wiegt beinahe 252 Pfund. Wenn er auch beim Spiel außergewöhnlich wild und ein bekannter »Jackenzieher« ist, so ist er doch freundlich und anhänglich gegenüber dem kleinen Kreis seiner menschlichen Freunde. Das »Jackenziehen«, Mumbahs Lieblingsbeschäftigung, ist ein sehr teures Hobby. Er hat im vergangenen

Jahr Dutzende meiner schönsten Kaschmirjacken zerrissen. Vergeblich habe ich versucht, ihm diese Unart abzugewöhnen.

Das unerfreulichste Erlebnis, das ich dieser Unart verdanke, hatte ich während einer Fernsehszene, die im ganzen Land ausgestrahlt werden sollte. Da ich absolut kein Verlangen danach hatte, vor Millionen von Zuschauern ausgezogen zu werden, trug ich einen ölverschmierten Wollpullover, von dem ich annahm, daß er reißfest war. Unglücklicherweise stimmte das. Ich war gerade vollauf mit meinem eigenen Kommentar beschäftigt, als Mumbah mit solcher Heftigkeit an dem Pullover riß, daß ich gegen den künstlichen Baum aus Metall geschleudert wurde. Das Material hielt, glücklicherweise auch mein Kopf. Die Narbe sieht man heute noch. Der dramatische Zwischenfall war eine ungewollte Bereicherung fürs Programm.

Im Gegensatz zu Gugis und Kisoro ist Mumbah den Gorillajungen gegenüber tolerant und besteht nur zur Fütterungszeit auf seiner Autorität. Dann jagt er, wenn ihn niemand daran hindert, Djoum und Mushie von ihrem rechtmäßigen Futter weg. Zur Erleichterung seiner Kumpane hat Richard ihn jetzt während des Abendessens von den anderen getrennt. Im Augenblick versucht Mumbah, seine Stärke bei den älteren Frauen zu testen, hat aber noch nicht genug Selbstvertrauen, um große Fortschritte zu erzielen. Alter und Erfahrung sind beim Kampf um die Position ohne Zweifel von Vorteil, und manchmal scheint es so, als ob die älteren Frauen eine gemeinsame Front gegen den Halbwüchsigen bildeten, den sie einige Jahre zuvor noch auf ihrem Rücken getragen und gegen Gugis' schlechte Laune verteidigt hatten.

Aus Erfahrung wissen wir, daß es für einen Schwarznacken ein harter und zermürbender Kampf ist, die Leiter der gesellschaftlichen Rangordnung Stufe für Stufe zu erklimmen. Auf jeder Stufe trifft er immer wieder von neuem auf hartnäckigen Widerstand. Mumbah muß sich seinen Weg an Ju Ju und Baby Doll vorbei bahnen, um dann vor Mouila und endlich vor Shamba zu stehen. Er wird wahrscheinlich noch zwei weitere Jahre brauchen, bis er das erreicht hat. Und danach wird er dann in die kalten bernsteinfarbenen Augen von Gugis und Kisoro starren. Mumbah wird niemals den Rang eines Patriarchen erreichen, denn seine Wachstumsrate zeigt, daß er höchstens die

300-Pfund-Marke erreichen wird, weit weniger, als es diese Rolle erfordert. Obgleich er in ausgezeichneter Verfassung ist, könnte er doch durch eine Amöbenruhr in der Entwicklung zurückgeblieben sein. Diese Diagnose hat der verstorbene Dr. W. C. Osman Hill gestellt, der berühmte Primatologe, dessen Erfahrung bei seinen häufigen Besuchen auf Howletts hoch geschätzt wurde. Um gegen den Durchfall, ein Symptom dieser Krankheit, etwas zu tun, mußten wir Mumbah täglich eine Dosis Kaolin geben. Trotzdem ist Mumbah einer der Athletischsten und Aktivsten in der Horde und verdient mit Bestimmtheit den ersten Preis für seinen Erfindungsgeist beim Spielen. Er war der erste, der sich selbst beibrachte, auf einer Kabelrolle zu fahren. Mit den Händen bewegte er sie vorwärts und hielt dabei wie ein Akrobat die Balance. Auch war er der erste, der das Trapez richtig gebrauchen konnte, indem er ein herunterhängendes Seil zum Schwungholen benutzte.

Mumbah ist der Trommler der Horde. Alle möglichen Dinge im Gehege dienen ihm als »Instrument«: die Schiebetüren, die Rutschbahn, das Wellblechdach und sogar die richtige Trommel. Natürlich besitzt jeder Gorilla eine »eingebaute« Trommel: seine massive Brust, deren Lufttaschen das berühmte »pok pok pok« noch lauter erscheinen lassen.

Zu unserem Leidwesen scheint Mumbah in sexueller Hinsicht unterentwickelt zu sein. Er ist eigentlich jetzt in dem Alter, in dem er versuchen sollte, sich mit den Weibchen zu paaren. Zumindest sollte er Interesse und Gefühle für das andere Geschlecht zeigen. Seine Genitalien, obgleich klein, sind vollständig entwickelt, und es ist möglich, daß er einfach nur ein Spätentwickler ist. Er hat Gelegenheit gehabt, Paarungsaktivitäten in der Gruppe zu beobachten, und zeigt keinerlei Merkmale eines Zwitters oder weibische Züge.

Selbst heute noch kann meine Tochter Jamunda mit ihm spielen. Sie zieht aber jetzt Djoum, Mushie und die Jungen vor. Das Gute an Mumbah ist seine absolute Aufrichtigkeit. Ist er neidisch oder wütend, so zeigt er das, und wir können die notwendige Vorsicht walten lassen. Ist er guter Dinge, kann Mumbah ein ergötzlicher Kumpel sein. Boshaftigkeit, Rachsucht und Falschheit sind ihm fremd. Was ihm fehlt, ist vor allem Körpergröße und in geringerem Maße auch Mut. Mehr als genug von beidem besitzt Djoum, das nächste Männchen in der Hierarchie.

Djoum wiegt mit seinen neun Jahren 178 Pfund und ist ein bemerkenswerter Affe. Ich persönlich glaube, daß er in den neunziger Jahren der Patriarch sein wird. Er hat die besondere Gabe, einer Sache lieber gleich auf den Grund zu gehen als lange nach Erklärungen zu suchen. Wo Mumbah sich vor Gugis in Furcht duckt, da wird Djoum sich ihm stellen. Wird er in die Ecke gedrängt, dann steht er seinen Mann und kämpft. Mumbah trägt viele Narben auf Schulter und Brust, die das bezeugen können. Voller Selbstvertrauen und Gutmütigkeit, strotzt Djoum nur so vor Lebenskraft und läßt jeden erschöpft in seinem Kielwasser hinter sich. Als er 1969 zusammen mit Mushie nach Howletts kam, war er ein Jahr alt, dickbäuchig und beinahe nackt. Er wog zwölf Pfund, und die Hoffnungen, daß er überlebte, waren gering. Meine zweite Frau Min bemutterte die Babys, und sie schliefen während der ersten sechs Wochen in ihrem Bett. Irgendwie schaffte sie es, ihnen die Liebe und Nestwärme zu geben, ohne die sie nicht lange hätten überleben können. Gorillababys sind weit mehr von Liebe und Beachtung abhängig als Menschen. Die Affenmutter bleibt während der ersten Monate in stetem körperlichen Kontakt mit ihrem Baby. Sie betteln um Liebe, und man kann sie nicht an Wärter, Schlafstellen und Tagesstätten abschieben. Wie Schaller glaube auch ich, daß die Mutter-Kind-Bindung ein Leben lang erhalten bleiben kann, obgleich wir dafür keinen Beweis haben. Erst im Jahre 1954 wurde in Columbus, Ohio, der erste Gorilla in Gefangenschaft geboren, und die meisten Zoos haben nicht die Möglichkeit, mehrere Familienmitglieder auf Dauer zusammen unterbringen zu können und so die Probe aufs Exempel zu machen.

Anders als Mumbah zeigt Djoum deutlich seinen Geschlechtstrieb. Er wurde dabei beobachtet, wie er mit Mushie, Ju Ju und mehrere Male mit der mächtigen Shamba Vereinigungsakte durchführte. Natürlich ist er noch viel zu jung, um etwas zustande zu bringen, aber wir hoffen, daß wir in einigen Jahren einen hauseigenen männlichen Zuchtaffen haben werden. Djoum hat den massigsten Körperbau von den jugendlichen Tieren, und seine Wachstumsrate sagt uns, daß er die 400-Pfund-Marke überschreiten wird. Sein Körperbau kam ihm zustatten, als er mit einem Gewicht von achtzig Pfund ca. sechs Meter vom Dach herunterfiel und heftig mit dem Rücken auf einer

Holzplatte aufschlug. Richard, der den Unfall beobachtet hatte, war überrascht, daß Djoum sich selbst wieder aufrichtete, den Kopf schüttelte und weiterhangelte, als wäre nichts passiert.

Bei einer anderen Gelegenheit blieb er mit einem Fuß in einem herunterbaumelnden Tau hängen, das durch den häufigen Gebrauch verdreht war. Als er zu strampeln begann, zog sich der Knoten zu, und Djoum konnte nichts tun, als mit dem Kopf nach unten hängend zu warten, bis Hilfe kam. Als wir ihn fanden, hatte er schätzungsweise eine halbe Stunde dort gehangen. Fünfzehn Minuten später hätte er einen Blutsturz bekommen. Bei der Untersuchung stellte sich heraus, daß ein Knochen in seiner schrecklich geschwollenen Ferse gebrochen war. Zwei Wochen später war er wieder völlig fit und so aktiv wie eh und je. Der Bruch heilte von selbst.

Djoum

Richard und ich bescheinigen Djoum mindestens die gleiche Intelligenz wie Gugis und Baby Doll, und gewiß ist er intelligenter als Mumbah und Kisoro. Sein einziger Rivale beim Kampf um das Patriarchat könnte in ferner Zukunft Bitam sein, ein sechs Jahre alter Junge, der ebenfalls für große Dinge auserwählt scheint. Von allen Gorillas besitzt Djoum den größten Humor.

Der Gorillahumor kennt in seiner Warmherzigkeit keine Schadenfreude. Sie lachen gern, um ihre Sympathie zu zeigen oder in Erwartung eines Spiels, an dem sie besondere Freude haben. In gewisser Stimmung lachen sie bereits, wenn man z. B. nur andeutet, daß man sie kitzeln will, auch wenn man es in Wirklichkeit noch gar nicht getan hat. Das Spiel, bei dem Djoum außer sich vor Entzücken gerät, ist das Spiel »Das ist der Daumen«. Es muß ein uraltes Spiel sein, denn alle kennen es. Gorillas sind an den gleichen Stellen kitzlig wie die Menschen, nämlich unter den Armen und unter den Fußsohlen. Die einzige, die mich regelmäßig wiederkitzelt, ist Shamba. Unglücklicherweise bin ich nicht kitzlig. Wenn sie nun anfängt, in meinen Rippen zu wühlen, muß ich so tun, als müßte ich lachen.

Djoum ringt oft mit Mumbah, und er steckt beträchtliche Schläge ein ohne einen Laut der Klage. Die täglichen Zweikämpfe, die heute schon stattfinden, sind ein Vorgeschmack auf die gewaltigen Turniere, die uns bevorstehen. Es ist eine große Seltenheit, zwei erwachsene männliche Gorillas im Zoo zusammen zu sehen, aber wir hoffen, daß in Howletts eines Tages sogar vier im gleichen Gehege zusammenleben werden: Mumbah, Djoum, Bitam und Toumbi.

Djoum hat noch nie aus Gemeinheit oder aus schlechter Laune gebissen, aber seine gewöhnlichen Spielbisse sind ganz schön schmerzhaft. Auch ist er sich noch nicht bewußt, daß sein wachsendes Gewicht einige seiner Spiele beinahe nicht mehr zulassen. Das große Problem beim Ringkampf mit männlichen Gorillas ist, daß sie den Menschen wie einen der Ihren behandeln, ein Kompliment, auf das man gut und gerne verzichten kann, wenn sie angriffslustig sind. Der Gorilla ist so gebaut, daß ein Schlag von Menschenhand ohne Wirkung auf ihn bleibt. Sein Kopf liegt zwischen massigen Schultern vergraben, und der Schopf dient als Helm, da dort die Kiefermuskeln zusammen-

Bassa wird Ju Ju vorgestellt

treffen. Ein Mensch, steif und verwundbar, ist in einem offenen und freundschaftlichen Kampf überhaupt kein Gegner für den Gorilla. Der einzige Unterschied zwischen dem Spiel mit einem Männchen und einem Weibchen ist der, daß das Männchen, und sei es noch so gutmütig, immer einen Konkurrenzkampf darin sieht. Dieser Faktor, der bei wachsender Reife noch ausgeprägter wird, macht einen hautnahen Scheinkampf zwischen einem Menschen und einem erwachsenen Gorillamännchen beinahe unmöglich. Die einzige mir bekannte Ausnahme war die außergewöhnliche Beziehung zwischen Stefi, dem erwachsenen Zuchtaffen in Basel, und seinem Aufseher Stemmler. Stefi ist besonders willig, und Stemmler hat ein ganz besonderes Gefühl für Affen. Wir in Howletts haben uns von seinen Erfolgen anregen lassen und versuchen, es ihm gleichzutun – so gut wir können.

Mumbah und Djoum erfinden immer neue Spiele. Mumbah ist dabei der Geschicktere, Djoum der Unternehmens- und Abenteuerlustigere. Als das neue beheizte Schwimmbad fertig war, hatte Djoum als erster den Mut, sich hineinplumpsen zu lassen. Er wurde das Wasserbaby der Gruppe; bis zur Hälfte im Wasser stehend, platscht er mit Vergnügen darin herum. Mumbah, Mushie und die drei Jugendlichen planschen und paddeln gern oder schwingen sich am Seil über die Oberfläche. Wie den Menschen, so kann man auch den Gorillas das Schwimmen beibringen. Im Jos Zoo in Nigeria haben es zwei Affen zu geübten Brustschwimmern gebracht. Nur einmal hat sich meines Wissens ein Affe das Schwimmen selber beigebracht, und zwar der männliche Orang-Utan Al Aiu im Zoo von Abu Dhabi. Der Zoodirektor, Otto Bulart, erzählte mir, daß sein Zuchtaffe bei drei verschiedenen Gelegenheiten durch den acht Meter breiten Wassergraben geschwommen und entflohen war. Das letzte Mal hatte es tragische Folgen, denn Bulart, der einzige Mann, der mit Al Ain fertig wurde, war zur Zeit nicht anwesend. Der Affe starb an einem Sonnenstich.

Unsere erwachsenen Gorillas zeigen wenig Interesse am Schwimmbad. Sie trinken daraus und planschen manchmal träge darin herum.

Wirft jemand etwas Eßbares hinein und es sinkt zu Boden, holen sie es ohne Zögern heraus. Wie wir, mögen sie es am liebsten, wenn die Temperatur des Wassers über 22° C liegt.

Mumbah

Betritt man das Gorilla-Gehege, so muß man sich bei der Wahl eines Spielpartners den Regeln der hierarchischen Ordnung unterwerfen. Diese Rangordnung lernt man besonders leicht kennen, wenn man die Spielordnung studiert. Wenn ich z. B. mit Djoum herumtollen möchte, so kann ich das nicht tun, wenn ein älterer Affe andere Ideen hat. Nur das jüngste Trio ist hiervon noch ausgenommen. Sie haben jedoch bereits ihre eigene feste Rangordnung aufgestellt: Bitam – Founa – Toumbi.

In der Gruppe, die aus Mumbah, Djoum und Mushie besteht, ist die siebenjährige Mushie die rangniedrigste. Sie ist aber geschickt genug, für sich zu bleiben und die Männer gegeneinander auszuspielen. Wenn Djoum sie zu sehr tyrannisiert, so weiß sie, daß sie auf Mumbahs Hilfe zählen kann. Wenn Mumbah sie bedroht, ergreift Djoum ihre Partei. Eine ihrer Besonderheiten ist, daß sie in die Hände klatscht. Entweder hat sie sich das selbst beigebracht, oder sie hat es den Schimpansen abgeschaut. Für sie scheint es ein Spiel zu sein, zumindest ist es ein Zeichen guter Laune. Es ist auch bei anderen Affen, wenn auch nicht so häufig, beobachtet worden.

Schaller glaubt, daß dieses Sich-gegen-die-Brust-Schlagen, das Händeklatschen und andere Körpergeräusche dazu dienen, den übrigen Gorillas im dichten Gestrüpp des Waldes, wo man sich selbst auf wenige Meter Entfernung aus den Augen verliert, den Aufenthaltsort mitzuteilen.

Mushie ist die großzügigste aller Gorillas. Oft gibt sie mir oder meiner Tochter Jamunda ganz uneigennützig etwas von ihrem Essen ab. Auch Gugis hat diese Angewohnheit; bei ihm ist diese Geste jedoch mit einer Absicht verbunden. Er schiebt etwas durch die Maschen in der Hoffnung, einen Lekkerbissen als Gegengabe zu bekommen. Als er noch jünger war, erwartete er von mir, daß ich seine Gaben zerkaute und sie ihm dann mit dem Mund zurückgeben würde – eine kindliche Verhaltensweise, die er mit fortschreitendem Alter ablegte. Mushie erwartet hingegen, daß man sich über ihre Gaben freut, wenn sie auch manchmal einen Apfel oder eine Orange nach ein paar Bissen wieder an sich nimmt. Von allen in der Gruppe schreit sie am meisten, wenn ihre menschlichen Freunde sie verlassen. Manchmal wird sie so aufgeregt, daß sie vor Erregung würgt wie die Schimpansen und ihr Gesicht wie ein wütendes Menschenkind im Stroh vergräbt. In wenigen Jahren werden wir

Mushie

Mushie mit Kisoro zusammenbringen, und wir können hoffen, daß sie erfolgreich gebiert, auch wenn sie kaum mehr als 150 Pfund Gewicht erreichen wird.

Bereits im Alter von ungefähr fünf oder sechs Jahren läßt das jüngste Trio klar erkennen, wie unterschiedlich die Charaktere sind. Bitam ist mit 72 Pfund sechs Pfund schwerer als Toumbi. Er ist Toumbi und der stämmigen Founa, einem Mädchen gleichen Alters und etwas geringeren Gewichts, leicht überlegen. Bitam ist ungehobelter als es je ein anderer Affe in seinem Alter bei uns war, und an Gefräßigkeit ist er Shamba durchaus ebenbürtig. Er verschlang soviel von Toumbis Rationen, daß dieser ganz schwächlich zu werden begann. Wir füttern ihn nun persönlich von Hand. Bitams liebstes Spiel ist rhythmisches Schieben oder Ziehen. Ein Knie oder der Rücken dient ihm als Schaukelbasis. Er kann das eine ganze Weile lang machen, und wenn er richtig aufgeregt ist, stößt er ab und zu einen erregten Schrei aus, ähnlich wie erwachsene Gorillamännchen es beim Orgasmus machen. Wahrscheinlich ist dies ein vorsexuelles Verhalten, da es nur bei Tieren in erregtem Zustand beobachtet wird.

Wenn wir die drei Jüngsten jeden Tag von ihrem Schlafquartier zum Spielplatz bringen, müssen sie den Korridor entlang an den anderen Affen vorbeiwandern. Dabei marschieren die drei in folgender Position: Toumbi als erster, Founa in der Mitte und Bitam als letzter. Diese Reihenfolge hat sich niemals geändert, und Richard bemerkte mir gegenüber einmal, daß ihn die Umkehrung ihrer Rangordnung überrascht hätte. Eine Erklärung könnte sein, daß bei einer bedrohten, sich auf der Flucht befindlichen Gruppe der dominierende männliche Gorilla die Nachhut bildet.

Bitam fühlt sich bereits jetzt als Founas Beschützer, und es sieht so aus, als werde er schon bald seine natürliche Rolle übernehmen. Obwohl die drei sich oft der größeren Gruppe anschließen, sind sie unzertrennlich. Founa ist freundlich und anhänglich und zur Zeit beinahe frei von jeder Aggression. Klein Toumbi hat in der letzten Zeit große Fortschritte gemacht. Endlich findet er Spaß am Spiel mit den Menschen. Nur sehr langsam gewinnt man sein Vertrauen, und nur mit Zeit, Geduld und Liebe kann man ihn erobern. Er besitzt nicht das unverschämte Selbstvertrauen Bitams und wird wahrscheinlich immer in dessen Schatten leben. Von der Konstitution her gleicht er stark Gugis, als der im gleichen Alter war, und ich hoffe, daß ich lange genug lebe, um Mitte der 80er Jahre seinen Rücken silbrig werden zu sehen.

Dem feinen Zuchtaffen Kisoro kann ich meiner Meinung nach heute noch nicht gerecht werden, weil ich ihn einfach erst zu kurz kenne. Wir haben ihn freundlicherweise vom Lincoln-Park Zoo in Chicago bekommen, damit er da seinen Mann stehen kann, wo Gugis versagt hat. Kisoro wurde mit zwei Jahren gefangen und in den Lincoln-Park gebracht. Im September 1973, mit zwölf Jahren, kam er nach Howletts. Er hatte bereits einen Sohn und eine Tochter von zwei verschiedenen Weibchen. Nur zwei Jahre später hat er diese Leistung auch in Howletts vollbracht: Ju Ju bekam am 2. August 1975 einen Jungen – Kijo –, den sie höchst pflichtbewußt aufzieht. Shamba gebar am Morgen des 30. April 1975 ein Mädchen – Kimba. Baby Doll bekam am 29. Mai 1975 einen Jungen – Kisabu – und Mouila einen weiteren Jungen – Koundu –, der am 6. Oktober 1975 geboren wurde. Kisoros Fruchtbarkeit ist erstaunlich, denn bis heute ist er bereits sechsmal Vater geworden, jedesmal von einer anderen Frau. Alle Neugeborenen, außer Kisabu, leben noch und sind in guter Verfassung.

Kisoro hat gute Chancen, Weltmeister der Zuchtgorillas zu werden. Und er ist gewiß der erste Gorilla in der Geschichte – und in vorgeschichtlicher Zeit erst recht –, der Nachwuchs auf beiden Seiten des Atlantiks gezeugt hat. Im Augenblick ist sein größter Rivale Jambo vom Jersey Zoo, der Vater von sechsen ist.

Kisoro ist das einzige Gorillamännchen, das den Ozean von West nach Ost überquert hat. Es spricht für das Urteilsvermögen und die Weitsicht der Lincoln-Park-Direktoren, daß sie sich auf dieses riskante, aber lohnende Unternehmen eingelassen haben. Kisoro überstand die Luftreise, bei der er von seinem Freund und Wärter Jim Higgins sowie von seinem Tierarzt Dr. Erich Maschgan begleitet wurde, ohne Schwierigkeiten.

Die vier erwachsenen Weibchen von Howletts akzeptierten ihn nach anfänglichem Gezänke ziemlich bereitwillig, und alle scheinen ihn für vertrauenswürdiger und ehrlicher zu halten als Gugis. Er scheint offener zu sein, und sein Harem belohnt diese Qualitäten mit schnellem Vertrauen.

Kisoro läßt sich durch Fremde, die seinen Füttergang betreten, nicht stören. Das liegt sicherlich an seiner zehnjährigen Zooerfahrung, als er immer ein Riesenpublikum hatte. Aggressiv wird er nur, wenn seine Aufseher etwas Eßbares, das er gern haben möchte, anderen Gorillas geben. In der Gefangenschaft sind die Affen futterneidisch, und sie streiten sich darum, denn das Angebot ist ja nur begrenzt. Soziales Verhalten haben sie in diesem Punkt noch nicht entwickelt, denn unter normalen Umständen hätte eine solche Situation in Zehntausenden von Jahren nicht eintreten können. Boden und Unterholz des Regenwaldes bieten schmackhaftes Futter in Hülle und Fülle, und man braucht nicht darum zu kämpfen. Dian Fossey hat jedoch beobachtet, daß auch in der Wildnis lebende Gorillas es übelnehmen können, wenn ein anderer sich ihnen beim Fressen nähert.

Ich bezweifle, daß sich Gugis und sein Ersatzmann Kisoro jemals Auge in Auge in einem Gehege gegenüberstehen werden. Im Film oder Fernsehen allerdings wäre solch eine Konfrontation ein Schauspiel ohnegleichen, das die Possen der Schwergewichtsboxer lächerlich machen würde. Ich persönlich glaube nicht, daß viel dabei herauskommen würde, denn beide sind gleich stark. Gugis hat wohl ein paar Pfunde mehr, ist aber nicht so gewandt wie Kisoro. Ich würde mein Geld auf Gugis setzen, wenn es zum wirklichen Kampf käme, denn er hat den Heimvorteil. Es wäre interessant zu sehen, wie sich die Weibchen verhalten würden, wenn es zu einem wirklichen Machtkampf käme. Ich glaube, daß ihre alten Bindungen an Gugis stärkeres Gewicht hätten als die sexuelle Anziehungskraft Kisoros, aber vielleicht würden auch nicht alle vier gleich reagieren. Täten sie es doch, so wäre das schrecklich für den Verlierer, über den sich ihr Zorn entlüde. Im Augenblick machen die beiden Männer ihrer Eifersucht und ihrem Verdruß Luft, indem sie herumstolzieren und mit zerstörerischer Gewalttätigkeit auf den trennenden Maschendraht einschlagen. –

Der Sommer 1975 war ereignisreich. Am 2. April entdeckte Richard morgens um acht Uhr Ju Jus Baby. Seiner Meinung nach hatte die Geburt ungefähr eine Stunde früher stattgefunden. Zu unserer Freude entpuppte sich Ju Ju als eine äußerst gewissenhafte Mutter, und nach anfänglichem Experimentieren hatte sie bald heraus, wie sie das Baby halten mußte. Sechs Stun-

Kisoro

den nach der Geburt konnten wir beobachten, daß das Baby an der Brust saugte, und nach einem Tag hatte Ju Ju die Situation voll gemeistert. Das Baby, Kijo, wog etwas über vier Pfund. Während der ersten Tage nach der Geburt nahm Ju Ju es mehrere Male in die rechte Hand und führte es dann mit masturbationsähnlichen Bewegungen mit dem Rücken durch ihre Scheide. Ich habe niemals zuvor von ähnlichem Benehmen gehört oder gelesen, und so wußten wir nicht recht, was es bedeutete. Aber eigentlich ist die Verbindung zwischen einem Neugeborenen und den Genitalien doch kaum überraschend. Nur Menschen scheinen Sexualität und das Kinderkriegen immer weniger in Verbindung zu bringen. Dafür haben wir teuer genug bezahlt.

Dreißig Stunden nach der Geburt ging ich zu Ju Ju und Kijo hinein und gab ihr zwei gekochte Eier und einige leicht verdauliche Kekse. Meine Gegenwart störte sie nicht, und sie war nach ein paar Tagen sogar bereit, mit ihren Wärtern und mit mir zu spielen. Nach zwölf Tagen ließen wir die Jugendlichen Bitam, Toumbi und Founa zur Mutter und zum Baby. Anfangs war das Interesse des Trios groß, aber bei weiteren Gelegenheiten zeigte nur noch Founa Interesse an dem Baby. Das unterstreicht, daß die Rollenteilung zwischen den Geschlechtern von frühester Kindheit an vorhanden ist. Ju Ju war offensichtlich erfreut, die Jungen zu sehen, und erlaubte ihnen sogar, das Baby am Kopf zu berühren. Ju Ju bekam auch Besuch von ihren beiden Freundinnen Mouila und Baby Doll. Mouila sah man ihre Eifersucht an; sie spielte sich auf, stolzierte herum und pochte auf ihre Vorrechte. Wir ließen Mouila daher nicht ohne Aufsicht zu Ju Ju, um sicherzugehen, daß nichts passierte. Von Baby Doll nahm Ju Ju kaum Notiz, und nachdem jene ihre anfängliche Neugier mit langem Starren befriedigt hatte, ignorierte sie Mutter und Baby.

Mit Überraschung mußten wir feststellen, daß Gugis im angrenzenden Gehege Ju Ju und Kijo wohlwollend gegenüberstand. Sonst hatte er neu angekommene Affen immer mit Abneigung behandelt. Es hat sicherlich ein Jahr gedauert, bis er Bitam, Toumbi und Founa im Käfig neben sich akzeptierte, obgleich sie nur fünfzehn oder sechzehn Monate alt waren und kaum irgendeine Bedrohung für ihn darstellen konnten.

Ju Ju und Kijo

Als Mouila zeigen wollte, wer im Gehege den Ton anzugeben hatte, eilte Ju Ju schutzsuchend in Gugis Ecke und wurde mit wohlwollendem Grunzen begrüßt. Ju Ju hat auch deutlich Versuche gemacht, Kisoro durch die Maschen hindurch milde zu stimmen. Ist es möglich, daß eine Gorillamutter die Notwendigkeit fühlt, ihr Baby so früh wie möglich bei den wichtigsten Männern der Gruppe einzuführen? Das jedenfalls schreibt Dian Fossey in ihren Ruanda-Studien. Sie hat beobachtet, daß sich Weibchen mit Neugeborenen schutzsuchend so nahe wie möglich beim obersten Gebieter aufhalten. Bereits drei Wochen nach Kijos Geburt spielte Ju Ju wieder mit Richard und mir. Seit ihren Kindertagen ist sie selten entgegenkommender gewesen als jetzt, und ich glaube, sie hat ein neues Leben begonnen.

Achtundzwanzig Tage nach Kijos Geburt, dem bis dahin bemerkenswertesten Ereignis in Howletts, bekam Shamba am 30. April eine Tochter – Kimba. Obgleich sie bei Ju Jus Geburt Wache gestanden und mütterliches Verhalten kennengelernt hatte, zeigte Shamba überhaupt kein Interesse an ihrem eigenen Baby, das unerwartet früh zur Welt gekommen war. Nachdem sie Kimba fünf Stunden lang vernachlässigt hatte, nahmen wir ihr das Baby weg. Es war schon ziemlich kalt, wog drei Pfund und 340 Gramm, war also leicht untergewichtig, aber sonst gut in Form. In Richards Haus hatten wir einen Brutkasten aufgestellt, und Kimba kam zu einem einjährigen Schimpansenweibchen und einem einwöchigen Honigdachsjungen.

Kimba ist im Aussehen ganz die Mutter und hat deren Gefräßigkeit geerbt. Sie wird ganz ungeduldig, wenn sie die Flasche sieht, und schmollt, wenn man sie wegnimmt. Shambas Desinteresse an ihrem Baby hat uns enttäuscht, aber es gibt Beispiele dafür, daß Weibchen, die ihr erstes Kind abgelehnt haben, bei der zweiten Mutterschaft die Kinder annehmen. Als mildernder Umstand kommt bei Shamba sicherlich in Betracht, daß sie nach der Geburt krank war und vielleicht über ihren eigenen Leiden ihre natürlichen Pflichten vergaß. Der einzige Vorteil ihres Fehlverhaltens ist der, daß sie ohne Zweifel schon bald wieder ihre Regel haben wird. Kisoro wird sie sicherlich in einem Jahr wieder geschwängert haben. Im Normalfall liegen drei bis vier Jahre zwischen den Schwangerschaften.

Am 29. Mai 1975 gebar Baby Doll einen Jungen – Kisabu. Richard fand

Ju Ju genießt ein Bier

das Baby in scheinbar guter Verfassung morgens um acht Uhr. Baby Doll strengte sich sehr an, ihr Neugeborenes zu bemuttern, aber nach zweiundsiebzig Stunden beschlossen wir, es ihr wegzunehmen. Von Anfang an zeigte sie zwar große Anhänglichkeit, schien es aber mehr als ein wertvolles Spielzeug denn als ein wirklich lebendiges Wesen zu betrachten. Sie setzte es sich auf den Kopf, trug es auf ihren Hüften, und manchmal ließ sie es für eine beängstigend lange Zeit allein. Zweimal gab sie ihm die Brust, einmal jedoch weniger als eine Minute. Schließlich schien sie die Geduld zu verlieren. Sie versuchte, das Baby durch die Stangen zu pressen, um es uns zu geben, augenscheinlich, damit wir uns des Babys annahmen. Das schließlich überzeugte Tom Begg, Richard und mich davon, daß das alles zuviel für sie gewesen war. Dem Baby, das wir Kisabu nannten, schien es gar nicht so schlecht zu gehen. Es hatte jedoch einige Schwellungen am Ellbogen und zwischen den Fingern. Das machte uns zwar Sorgen, aber wir glaubten, daß dies ebenso wie die blauen Flecke von der »liebevollen« Behandlung der Mutter stammte. Kisabu wog vier Pfund und neunzig Gramm. Meine Frau Sally kümmerte sich um ihn. Trotz intensiver Fürsorge nahm er nicht zu, und die Schwellungen blieben. Wir ließen ihn von einem Arzt, Dr. Gordon A. MacKinlay, untersuchen, der feststellte, daß er an neonataler Blutvergiftung und Knochenmarkentzündung sowie infektiöser Arthritis litt. Er hatte sich bei seiner Mutter eine Streptokokkenentzündung zugezogen. Deren Scheidewände waren einige Tage vor der Geburt gerissen und hatten so eine Entzündung verursacht, mit der sich Kisabu sechs Wochen lang bis zu seinem Tode plagte. Auch Baby Doll selbst ging es gar nicht gut. Um sie zu untersuchen und ihr Blut zur Transfusion für ihren Sohn zu entnehmen, betäubten wir sie. Sie hatte die gleiche Blutgruppe wie er, und sie selbst erholte sich wieder nach einer Behandlung mit Penicillin K, das sie oral einnahm.

Wochenlang kämpfte Sally mit Hilfe des geschätzten Dr. MacKinlay und Geneviève Bailys, einer ausgebildeten Schwester für die Intensivpflege von Neugeborenen, um Kisabus Leben, aber alles war umsonst. Die rapide Abnahme der roten Blutkörperchen griff seine Nieren an, und die drei täglichen Injektionen, die helfen sollten, schwächten seine Widerstandskraft. Der Tod Kisabus erfüllte jeden, der ihn kennengelernt hatte, mit Trauer. Es ist erstaunlich, wieviel Liebe und Anhänglichkeit man selbst für ein Gorillababy empfinden kann, das nur sechs Wochen gelebt hat.

Glücklicherweise hatten wir mit Mouilas Baby überhaupt keine Probleme. Es wurde am 6. Oktober 1975 geboren. Ich selbst entdeckte es um elf Uhr abends, in genau der Nacht, die wir für die Geburt vorausberechnet hatten.

Kijo

Gugis (fünfzehn Monate) mit Jamunda (damals zwei Jahre)

Erst hatten wir gedacht, Mouila würde mindestens einen Monat früher niederkommen, da ihr Umfang groteske Ausmaße angenommen hatte. Wir hatten auch schon in Betracht gezogen, daß sie vielleicht Zwillinge tragen würde, was erst zweimal bei Gorillas in Gefangenschaft vorgekommen ist.

Am Morgen dieses 6. Oktobers sah sie schlecht aus, und sie hielt sich von den anderen fern. Auch aß sie nichts und erlaubte den Jugendlichen nicht, sich ihr zu nähern. Richard, Peter, Tom Begg und ich wollten abwechselnd alle zwei Stunden die Nacht über bei ihr hereinschauen, und diesmal war ich der Glückliche, der das Baby als erster sah. Mouila erwies sich als Bilderbuchmutter. Sie sorgte geschickt für das Junge, und es schien, als habe sie eine Menge von Ju Ju gelernt.

Oft lassen wir die beiden Mütter zusammen, und ihre Herzlichkeit und Zuneigung füreinander ist einfach rührend. Einmal, nach einer Kabbelei,

Ju Ju und Mouila mit ihren Babys *Mouila und Koundu*

hatte jede das Baby der anderen im Arm. Kijo, der ältere, rannte zu seiner Mutter zurück, und Ju Ju hatte am Ende beide. Meine Tochter Jamunda, die das anfängliche Handgemenge beobachtet hatte, war über den raschen Wechsel der Ereignisse zu Tode erschrocken. Auch Richard und ich schauten uns verwirrt an. Schließlich gingen wir zusammen hinein, um die nächsten Schritte zu beobachten. Mouila war über den Verlust ihres Kindes sichtlich beunruhigt, und ich beschloß, ihr Kounda selbst zurückzugeben. Ju Ju duldete mein Eingreifen ohne Widerstand, und Mouila war höchst dankbar, als ich ihr den fünf Wochen alten Sohn wieder in die Arme legte.

Da wir nun drei gesunde Neuzugänge in der Gorillagruppe verzeichnen konnten, entschlossen wir uns, das Risiko einzugehen und Gugis narkotisieren zu lassen. Wir wollten herausfinden, ob er impotent oder unfruchtbar war. Der Sexologe vom Wellcome Institut kam zu uns, um unter Aufsicht von Tom Begg einen Samentest durchzuführen. Wir konnten jedoch nur Blutproben entnehmen und Gugis Zähne, die tadellos waren, prüfen. Es gelang dem Experten nicht, dem leblosen Gugis Sperma zu entnehmen. Wir stellten jedoch fest, daß seine Hoden und sein Penis unterentwickelt waren. In Anbetracht dessen haben wir vorerst keine großen Hoffnungen mehr, Junge von einem hier großgezogenen Gorilla züchten zu können. In drei oder vier Jahren aber wird vielleicht Djoum soweit sein.

An einem Sommermorgen im Jahre 1975 rief mich Jacques Cathala, ein Filmproduzent aus Paris, an. Er teilte mir mit, daß das Fernsehprogramm »Monde de la Nature« einen Film über Howletts bringen wolle und ob ich einverstanden sei. Ich hatte nichts dagegen. Ein oder zwei Wochen später kam ein großes französisches Filmteam nach Howletts und begann mit den Dreharbeiten. Der 45-Minuten-Film wurde in Frankreich an einem Sonntagabend gesendet, und viele Millionen Menschen schauten zu, unter ihnen auch ein gewisser Claude Tek.

Tek besaß einen Zoo bei Coucy les Eppes in Nordfrankreich und war stolzer Besitzer eines drei Jahre alten Gorillababys namens Sidonie. Der Film, der hauptsächlich von Gorillas handelte (obwohl er den Titel »Les Tigres d'Howletts« trug), hatte ihn so sehr beeindruckt, daß er mir einen wirklich reizenden Brief schrieb. Darin teilte er mir mit, daß die Philosophie, die im

Film zum Ausdruck kam, mit seiner eigenen übereinstimme und daß er meine pessimistischen Zukunftsaussichten im Hinblick auf das Schicksal von Mensch und Natur teile, usw. Der Brief, den ich sorgfältig hatte übersetzen lassen, berührte mich sehr, und das schrieb ich ihm auch. Ich war völlig überrascht, als mich Cathala einige Wochen später anrief und mir mitteilte, daß Claude Tek Selbstmord begangen hatte. In seinem Testament hatte er verfügt, daß ich den Gorilla Sidonie in die Howletts-Gruppe aufnehmen sollte.

Selbstverständlich erfüllte ich seinen letzten Wunsch. Bald darauf kam Madame Tek mit dem Waisenkind hier an. Glücklicherweise war Sidonie ein Mädchen. Aus zwei Gründen kam uns das sehr gelegen: Zum einen hatten wir mehr Männchen als Weibchen, zum anderen lassen sich Mädchen besser in eine Gruppe eingliedern.

Madame Tek sah bei ihrer Ankunft sehr unglücklich aus, teils aus Verzweiflung über den erlittenen Verlust ihres Mannes, teils durch das Trauma, Sidonie in einem fremden Land in fremde Hände geben zu müssen.

Der kleine, damals 49 Pfund schwere Gorilla mußte eine sechsmonatige Quarantänezeit in der Dachstube des Herrenhauses durchmachen, und Madame Teks Sorge legte sich erst ein wenig, als meine Tochter Jamunda versprach, sich ausschließlich mit Sidonie zu beschäftigen und nicht weniger als drei Stunden täglich bei ihr zu verbringen. Madame Tek blieb über Nacht, und ich fragte sie, warum sich ihr Mann umgebracht habe. Sie erzählte, daß sein Tod sie völlig überrascht habe. Eines Nachmittags hörte sie im Wohnzimmer einen Schuß. Sie ging hin, um nachzusehen, was passiert war, und fand ihren Mann am Boden liegend, eine Pistole neben sich. Schwere finanzielle Sorgen, von denen sie nichts gewußt hatte, und seine zu Depressionen neigende Art hatten ihn fertiggemacht.

Sidonie wiegt heute 60 Pfund, und sie hat sich gut mit Kimba und Kounda angefreundet. In diese Untergruppe werden wir bald auch Kambula, unser Jüngstes, eingliedern. Wenn sie integriert ist, werden wir versuchen, alle vier mit der Hauptgruppe zusammenzubringen.

Selbst heute noch wird Sidonie ganz aufgeregt, wenn sie französische Laute hört, und sie freut sich ungemein über Madame Teks regelmäßige Besuche.

Ich würde nie behaupten, man könnte jedem Gorilla gleich viel Liebe entgegenbringen; das ist bei Tieren ebensowenig möglich wie bei den eigenen Kindern. Eigentlich finde ich, daß Liebe, Zuneigung und Sympathien nur in der Wechselbeziehung ihre Größe finden. Unerwiderte Liebe tut in der Seele weh, und um eine Zuneigung, die keine Beachtung findet, ist niemand zu beneiden.

Mit dieser Auffassung stehe ich nicht allein: Richard versucht nicht, seine tiefe Zuneigung zu Baby Doll zu verbergen, die sie voll erwidert. Meine Tochter Jamunda hat sich außer mit Sidonie, dem Waisenkind, das sie in ihre Obhut genommen hat, immer am besten mit Djoum verstanden. Djoum freut sich am meisten, wenn sie um ihn herum ist, und er behandelt sie mit einer Zärtlichkeit, wie er sie Richard oder mir nur selten entgegenbringt. Es erfüllt mich immer mit inniger Freude, wenn ich sie zusammen spielen sehe: den massigen, 220 Pfund schweren, zehn Jahre alten Gorillamann und das achtzehn Jahre alte Menschenkind, das er von klein auf kennt. Da Djoum sich gerade in der Geschlechtsreife befindet, hat er meine Tochter mehrmals in Verlegenheit gebracht, wenn er versuchte, sich mit ihr zu paaren.

Das Edle einer solchen Liebe wird noch unterstrichen durch ihre Uneigennützigkeit. Mit weltlichen Maßstäben gemessen, hat niemand einen Gewinn dabei – sie bringt keinerlei Vorteile. Die Wechselbeziehung der Gefühle ist der einzige Lohn, und ich behaupte, daß es solch eine Beziehung in einer menschlichen Verbindung, wie eng auch immer sie sein mag, nicht geben kann. Diese magische, faszinierende Erregung und das Gefühl, eine unüberschreitbare Grenze zu passieren, unbekanntes Land zu betreten, fehlt in der Bruder-Bruder- oder Bruder-Schwester-, Vater-Sohn- oder Vater-Tochter-Beziehung.

Richard hat mir einmal eine große Freude gemacht, als er mir erzählte, daß Gugis' ganzes Benehmen sich ändere, wenn er meine Stimme höre oder mich kommen sehe. Die Tatsache, daß er falsch und brutal sein kann, beeinträchtigt nicht im geringsten meine Liebe und mein Verständnis für ihn. Mag er auch verrückt oder böse sein oder manchmal beides zusammen: Die Bande, die uns seit über achtzehn Jahre verbinden, erschlaffen nicht. Und so wird es bis zum Ende bleiben. Wir werden beide noch zwanzig bis dreißig Jahre leben, vielleicht auch länger, und nichts wird sich ändern. Sterbe ich zuerst, wird er mich vermissen. Ein Teil seines Lebensinhaltes wird verlorengehen. Es wird nicht mehr das gleiche sein. Stirbt er zuerst, so wird ihn niemand ersetzen können. Der Platz, der in meinem Herzen für ihn reserviert ist, wird leer bleiben. Der Verlust eines großen Freundes im Leben eines Mannes in fortgeschrittenen Jahren ist nicht mehr reparabel, kann nur beklagt werden – so wird es mit Gugis sein, ganz besonders, weil er keine Nachkommen hinterläßt. Das Traurigste überhaupt ist es, kinderlos zu sterben. Denn damit ist die größte Aufgabe jeder Kreatur, die Erbeigenschaften an die nächste Generation weiterzugeben, nicht erfüllt. Darauf verzichten zu müssen – wie Gugis – ist wahrhaft tragisch.

Ich möchte dieses Kapitel über die Howletts-Gorillas nicht schließen, ohne denen Tribut zu zollen, die seit Gründung der Kolonie im Jahre 1958 gestorben sind. Im Sommer 1967, nachdem ich gerade von einer Tour aus Westafrika zurückgekommen war, ereignete sich eine Tragödie. Bei meiner Rückkehr erzählte mir Derek Rushmer, der Vorgänger von Richard Johnstone-Scott, daß der prächtige männliche Gorilla Kulu, den wir sechs Jahre zuvor von Basel übernommen hatten und der zu einem herrlichen, 320 Pfund schweren Tier herangewachsen war, krank und schwach war. Ich war bestürzt, wie rapide es in dem einen Monat, wo ich abwesend gewesen war, zu Ende gegangen war. Ich wußte, daß er im Sterben lag, und er starb schnell.

Die zwei örtlichen Tierärzte wußten überhaupt nicht, was mit ihm los sein konnte, und hofften trotz seines rapiden körperlichen Verfalls auf Besserung. Sie hatten Kot- und Urinproben entnommen, aber nichts herausfinden können. Kulu war nur noch ein Schatten seiner selbst, und er starb vier Tage später. Selbst während des Todeskampfes war die Kraft des mächtigen Affen so groß, daß er mich mit einem Arm umstieß, als ich mich über ihn beugte, um ihm etwas zu trinken einzuflößen.

Eine Woche nach seinem Tod wurde Dinghi, ein acht Jahre altes Weibchen, von der gleichen Krankheit befallen. Dinghi war der Kompagnon von Mouila und bei allerbester Gesundheit. Die Autopsie von Kulu hatte nichts, aber auch gar nichts ans Licht gebracht, und er war am Ende der Straße begraben worden. Dinghis Zustand verschlechterte sich so rapide, daß ich Kulus Körper wieder ausgraben ließ und ihn noch einmal auf eine Mineralienvergiftung hin überprüfen ließ. Nichts fand man heraus, und verzweifelt mußten wir mit ansehen, wie ein weiterer Gorilla vor unseren Augen hinwegstarb. Dinghis Leiche sandte ich zur Tierklinik des Londoner Zoos, und eine Autopsie enthüllte, daß er einem Darmbefall von Parasiten-Fadenwürmern erlegen war. In frühem Stadium kann man leicht etwas dagegen unternehmen; so hatte eine falsche Diagnose eine unnötige Tragödie zur Folge. In der Zeit, in der ich Kulu gekannt hatte, hatte er großen Eindruck auf mich und alle Gorillas gemacht. Lebte er noch, so wäre er sicherlich ein edler Patriarch geworden und ein produktiver dazu. Er schien alle Eigenschaften eines Führers zu haben, und es besteht kein Zweifel, daß dieser Verlust die Kolonie um ein Jahrzehnt zurückgeworfen hat.

Kaum hatten wir uns von diesen schrecklichen Ereignissen erholt, als uns ein neues Unglück traf.

Während meiner Reisen in Kamerun hatte ich von einer Missionsstation in der Nähe von Elolowa ein zwei Jahre altes Weibchen gekauft. Es war von Priestern großgezogen worden und einer der freundlichsten und aufgewecktesten kleinen Gorillas, dem ich je begegnet bin. Wenige Monate nach der Ankunft in Howletts begann das Weibchen zu kränkeln. Dann bekam es die Mundfäule (oder einen Mundpilz). Die Behandlung war erfolglos. Ich wußte, daß ein junger Gorilla ohne Gesellschaft nicht überleben kann. So beschloß ich, das mütterlichste unserer jugendlichen Weibchen, Moundou, bei der Neuen zu lassen, damit sie Gesellschaft hätte. Dieses riskante Spiel schlug fehl. Moundou steckte sich an, und beide starben kurz nacheinander.

Diese Schicksalsschläge in so kurzen Abständen hatten mir meinen sorglosen Optimismus genommen. Ich fühlte mich schuldig wegen meiner Unzulänglichkeit. Ich kam zu dem Ergebnis, daß ich, wollte ich weitermachen, mich nicht länger auf die hiesigen Veterinäre verlassen durfte, die nicht über das Spezialwissen und die Einsatzbereitschaft verfügten, die für meine Zwecke notwendig waren.

Seit acht Jahren hat Howletts nun einen eigenen Tierarzt, und ich bin glücklich, daß sich seitdem – bis auf Kisabu – in der Kolonie keine weiteren Todesfälle mehr erreignet haben.

Kulu ist tot.
Seine Frauen warten vergeblich
auf ihn.
Mouila, Shamba, Baby Doll.
Seine Kraft und Stärke
waren die ihre – sie liebten ihn.

Seine gewaltigen Arme und
sein Blick unter buschigen
Brauen
beschützten ihr Leben.

Sein großer Rücken, halb silbrig
vom halben Lebensalter,
gab ihnen Sicherheit.

Wenn die Dämmerung kam,
spürten sie seine Nähe.
Ruhelos, schweigend,
mit mächtigen Händen –
bis zum Morgen.

TIGER

Wer kann den Tiger in seiner majestätischen Schönheit und seinem Stolx je richtig beschreiben? George Schaller, der viele Monate im Kanha-Reservat in Indien die Lebensgewohnheiten des Tigers und seiner Beute studiert und seine Erfahrungen im Buch »The Deer and the Tiger« festgehalten hat, erzählte mir, daß der Anblick des ersten Tigers in freier Wildbahn bei ihm die wildesten Vorstellungen geweckt hat. Diese große Katzenart liefert genug Stoff für Legenden und Erzählungen. Ihr Name ist Symbol für Wildheit, Kraft und Grazie. In der Kultur Chinas und Indiens steht der Tiger an gleicher Stelle wie im Westen der Löwe. Das jedoch hat ihn nicht vor der Ausrottung bewahrt. In Indien ist seine Zahl von ungefähr 40 000 vor dem Zweiten Weltkrieg auf weniger als 1 000 zusammengeschrumpft. In Südostasien leben vielleicht noch 2 000 Exemplare. In China sind selbst die letzten paar Dutzend noch zum Abschuß freigegeben. Dort gilt der Tiger als »Ungeziefer« – ein interessanter und enthüllender Terminus, von Menschen gewöhnlich für die rechtmäßigen Besitzer eines Stück Landes gebraucht, das sie gestohlen haben oder noch stehlen wollen.

In der UdSSR haben noch etwa 100 Schneetiger im Amur-Distrikt von Sibirien überlebt. Im Iran gibt es noch den persischen Tiger, den hyrkanischen Tiger des Altertums; er lebt in den Kaspischen Wäldern, aber seine Zahl wird auf weniger als zwanzig geschätzt. Professor Paul Leyhausen erzählte mir, daß er aus Persien einen Fährtenabdruck besitzt, der ganz sicher von einem Tiger und nicht von einem Leoparden stammt; mit Bestimmtheit aber ist der *Panthera tigris virgata* eines der seltensten Tiere der Welt. In Gefangenschaft leben über die Welt verstreut ungefähr 1 000 Tiger aller Rassen. Auf jede Million Menschen kommt schätzungsweise ein Tiger. Es ist wohl eine Ironie des Schicksals, daß der Tiger, der einen Menschen getötet hat, sterben muß, obwohl er höchstwahrscheinlich nur die Wahl hatte zwischen Gotteslästerung – was heißt: einen Gott zu verspeisen – und dem Hungertod.

Während der letzten fünfzehn Monate haben wir in Howletts über dreißig Tigerjunge von sechs verschiedenen Müttern aufgezogen: einundzwanzig indische und zehn sibirische. Unsere Kolonie ist wahrscheinlich die größte der Welt, obgleich Leipzig, Kolmarden und Rotterdam auch große Gruppen besitzen. Abgesehen von den einunddreißig Überlebenden wurden drei mit genetischen Mißbildungen geboren, die dann starben; vier wurden bei unglücklichen Zusammenstößen mit Mutter oder Vater getötet, einer ertrank während eines schrecklichen Regens.

Anfänglich hatten wir fünf indische Tiger in Howletts; heute sind es beinahe siebzig. Mit der sibirischen Kolonie haben wir erst vor fünf Jahren begonnen, und sie ist von anfänglich sieben auf siebzehn Tiere angewachsen. Bei den elf Geburten gab es nur einen Todesfall. Eigenartigerweise wurden von der Riesenrasse nur Weibchen geboren, und alle stammten von denselben Eltern, von Zarif und Gonza ab. In der Zwischenzeit hat sich ein weiteres Paar erfolgreich zusammengetan: Sukam und Gulya. Gulya hat am 20. Juni 1975 zwei Tigerkätzchen geboren, ein männliches und ein weibliches. Beide gedeihen prächtig.

Unser Tiger Zarif wurde vom Maler David Shepherd als Modell für »Tiger Fire«, das berühmte Porträt eines sibirischen Tigers, auserwählt. 850 Drucke wurden vom Original erstellt und für je 150 Pfund verkauft. Die Einnahmen überließ Shepherd großzügigerweise dem »Projekt Tiger«. Eric Tenney malte Zombie (eine indische Tigerin) mit ihren zwei Jungen, Gunga und Waitara. Mehr Zeit als irgendein anderer Künstler hat sich Ralph Thompson für die Tiger genommen. Seine Darstellung von »Chuga«, einem großen männlichen Sibirier, besticht besonders durch die naturgetreue Wiedergabe von dessen »treuem Blick«.

Der erste Tiger in meinem Leben – oder besser gesagt, die erste Tigerin – war die schöne Tara. Der Edinburgh Zoo hatte sie 1958 verkauft, und ich entdeckte sie in einer Tierhandlung in der Nähe des Regents Park. Sie war neun Wochen alt und kostete mich zweihundert Pfund. Von ihrem Gefährten Mazar wurde Tara im dreizehnten Lebensjahr getötet. Ihn hatte ich von einem australischen Händler erstanden, als Tara zwei Jahre alt gewesen war. Das Ausmaß der Tragödie wurde erst nach der Autopsie klar, als wir nämlich feststellten, daß sie drei gutentwickelte Fötusse getragen hatte. Als ich dieses Buch schrieb, lebten noch über vierzig ihrer Nachfahren, zweiundzwanzig davon allein in Howletts.

Tara öffnete mir die Augen für die Tiger. Wir zogen sie mit der Flasche groß. Während der ersten achtzehn Monate schlief sie in meinem Bett. Sie

Zombie, die oftmals Mutter geworden ist, mit zwei ihrer ersten Jungen

war so grundehrlich und so süß und anhänglich, daß ich zuerst glaubte, ich würde ein außergewöhnliches Tier mein eigen nennen. Spätere Erfahrungen jedoch lehrten mich, daß diese Eigenschaften typisch für ihre Rasse sind. Auch mich hatte die uralte Verleumdung der Tiger wohl beeinflußt, denn ich erinnere mich, wie überrascht ich war, als ich feststellte, daß Tara niemals arglistig oder nachtragend war.

Ein Mann schlägt instinktiv zurück, wenn er durch einen Prankenschlag oder einen Biß verletzt wird. Als ich sie das erste Mal aus Ärger über mir zugefügte Schmerzen ohrfeigte, fauchte sie mich an und zeigte ihre Fänge. Wenige Minuten später aber war der Vorfall vergessen. Langsam lernte sie im Laufe der Zeit, mit eingezogenen Krallen und verdeckten Fängen zu spielen.

Obgleich sie dem Menschen gegenüber im allgemeinen gut gesinnt war, ließ sie sich doch von Außenstehenden keine allzu großen Vertraulichkeiten gefallen. Mein Gehilfe brach eines Mittags in Panik aus, als Tara träge mit seinem Fuß spielte, und versetzte ihr einen heftigen Tritt. Von da an stieß Tara bei seinem Anblick ein solch schreckliches Grollen aus, daß er schließlich kündigte.

Obwohl ich Tigergeschichten in alten Jagdbüchern immer mit großer Skepsis gelesen hatte, war ich in gewissem Maße ihrem Einfluß doch unterlegen. Glücklicherweise aber hatten Eardly Wilmot und Champion mich bereits vor langer Zeit in akzeptablerer Weise mit Benehmen und Charakter des Tigers vertraut gemacht. Selbst der berühmte Tigerschlächter Even Corbett hat im Laufe der Jahre den Charakter dieser Großkatzen bewundern gelernt, und er nennt den Tiger sogar einen »gentleman«.

Da wir Taras Werdegang vom zweimonatigen Kätzchen bis zum Erwachsensein verfolgen konnten, haben sich viele überlieferte Geschichten als Märchen entpuppt. Als erstes mußte ich lernen, daß ein Tigerkätzchen ganz und gar nicht seine Verläßlichkeit und Anhänglichkeit verliert, wenn es von Milch auf Fleischnahrung überwechselt. Als Märchen erwies sich auch die Vorstellung, daß ein Tiger beim Geruch von frischem Blut aus einer offenen Wunde wild wird. Hier lehrte mich die Erfahrung, daß Tara mit heilender Wirkung ihre Wunden leckte. Dieses Verhalten habe ich auch zwischen jungen und erwachsenen Tigern beobachtet: Alle kleinen Wunden schienen da-

Zemo mit Zola und ihren drei Neugeborenen

durch weitaus besser zu heilen. Eine andere weitverbreitete Legende will wissen, daß Tiger in ihre angeblich »ursprüngliche« Wildheit zurückfallen, wenn sie an der Schwelle vom Jugendlichen zum Erwachsenen stehen. Von ihrer wirklichen Natur ist das meilenweit entfernt, denn faule Gleichgültigkeit oder Gutmütigkeit entspricht viel eher ihrem Naturell. Meine umfassenden Erfahrungen mit vielen Tigern haben gezeigt, daß sie selbst bei extremem Hunger einmal geschenktes Vertrauen und Liebe zum Menschen nicht vergessen.

Als Tara ihre ersten Jungen bekam, war ich etwas unsicher und ängstlich, ihren vier mal zwei Meter großen Zwinger zu betreten. Der Volksglaube und die Erzählungen zahlreicher Jäger hatten einen nagenden Zweifel darüber in mir wachgehalten, wie sie mich wohl begrüßen würde. Den Erzählungen nach sollte nämlich eine Tigerin in Gegenwart ihrer Jungen zur reißenden Bestie werden.

Als ich ihr Lager betrat, schnurrte sie zum Zeichen der Begrüßung. Eines ihrer Jungen krabbelte bitterlich klagend auf mich zu. Ich nahm es hoch, um sein Geschlecht festzustellen, und es schrie ängstlich. Tara reagierte darauf, indem sie mir das andere Baby zur Inspektion herüberbrachte. Das erste Kleine war ein Junge, nämlich Zemo, der später unser Tauchchampion wurde.

Meine Verbindung mit Tara war so außergewöhnlich, daß ich zu glauben begann, sie sei atypisch und ein Wunder an Gutmütigkeit und Großzügigkeit. Das Gegenteil jedoch war der Fall. Von allen Tigern, die in Howletts gezüchtet wurden – es sind nun über sechzig an der Zahl –, zeigen nur zwei oder drei falsche oder gemeine Charakterzüge. Wahrscheinlich ist dies der Durchschnitt bei hochentwickelten Säugetieren – mit Ausnahme des Menschen und der Haustiere. Beim Menschen ist Falschheit allein durch die groteske Überbevölkerung und die unwirksamen gesellschaftspolitischen Maßnahmen bereits zur Norm geworden.

Der Tiger bleibt ein anständiger Bürger. Im Gegensatz zur allgemeinen Auffassung sind viele männliche Tiger hervorragende Väter, und wir haben einige Zuchtpaare, die wir ständig zusammenlassen. In der Wildnis würde eine trächtige Tigerin wahrscheinlich erst den Charakter ihres Gefährten prüfen, bevor sie sich entschließt, sich vor ihm zu verstecken. Ein guter männlicher Gefährte ist zweifellos eine große Hilfe, um das Fressen zu beschaffen und um die Kleinen vor Menschen, Hyänen, wilden Hunden und Schakalen zu schützen.

Gelegentlich werde ich von Besuchern gefragt, ob das Füttern der Tiger hilft, ihre Freundschaft zu erkaufen. Diese Vorstellung entspricht wieder einmal ganz und gar nicht der Wirklichkeit. Zuerst einmal füttere ich die Tiger niemals persönlich, und zum anderen empfindet der hungrige Tiger gegenüber seinem Futterlieferanten eher Ärger als Dankbarkeit. Wenn ein Tiger seinen Freund, den Wärter, mit einem 70 Pfund schweren Brocken Fleisch auf sich zukommen sieht, so ist er geneigt, das Fleisch als sein Eigentum zu betrachten. Was er sieht, ist seine Beute, und was er sieht, gehört ihm. Es muß mit allen Mitteln verteidigt werden, manchmal eben auch mit dem allerletzten Mittel. Von einigen Tigern weiß man, daß sie sich von einer frisch getöteten Beute erst mit Waffengewalt vertreiben ließen.

Als eine der ersten harten Lektionen muß ein Tigerjunges lernen, daß man niemals einem fressenden Erwachsenen zu nahe kommen darf, nicht einmal der eigenen Mutter. Ich habe oft beobachtet, wie eine fressende Tigerin nach ihren eigenen hungrigen Welpen schlug und sie zum Warten zwang, bis sie selbst satt war. Diese Disziplin ist notwendig – um zu überleben. Aber die Enttäuschung der Kleinen ist oft schmerzlich und manchmal sogar komisch anzusehen. Wie freundlich und vertrauenswürdig ein Tiger auch sein mag – niemand von uns würde es wagen, sich ihm gleich nach der Fütterung zu nähern. Dies wäre eine Herausforderung, die kein Tiger ignorieren kann. In Howletts gilt dies besonders, denn wir füttern die Großkatzen gewöhnlich nur einmal die Woche.

Dies gilt für den Sommer. Im Winter füttern wir die Tiger alle vier Tage. So entspricht es dem Leben in der Wildnis. Die meisten Zoos füttern ihre Großkatzen jeden Tag. Damit aber tun sie nur dem Publikum einen Gefallen, nicht den Tieren. »Fütterung um 15.30 Uhr« – ein schlechtes Aushängeschild für einen Zoo, wenn es für Tiger oder Löwen gilt. Diese großen Raubtiere sind psychologisch nicht auf tägliche Fütterungen eingestellt. Der Gegensatz ist für den Tiger ebenso wichtig wie für den Menschen. Auf Hunger muß Sättigung folgen, auf Kälte Wärme, auf Einsamkeit Geselligkeit – die Abwechslung gehört dazu, um das Leben für ein Säugetier erträglich zu machen.

Man kann die Bedeutung, welche die Beute für einen Tiger hat, gar nicht überschätzen. Menschen oder Pflanzenfresser sind es gewöhnt, daß Nahrung oft und ausreichend zur Verfügung steht. Der Tiger ist durch die Umstände gezwungen, ein Spieler zu sein. Mag er auch noch so geschickt sein – er braucht ein bißchen Glück. Jeder Angriff birgt in gewissem Maße ein Risiko in sich. Dem Wasserbüffel und dem Gaur, dem riesigen indischen Waldbüffel, sind schon viele Tiger zum Opfer gefallen; selbst Sambar-Hirsch (Aristoteleshirsch) und Wildschwein sind ernst zu nehmende Gegner. Für einen großen Fleischfresser gibt es keine leichte Beute, und das weiß er auch. Mit einem erlegten Tier gibt sich der Tiger zehn Tage lang zufrieden.

Wer die Liebe eines Tigers erringen will, muß ihm dasselbe bieten wie die freie Wildbahn; und das reichlich! Es gibt viele von Hand großgezogene Tiger auf der Welt; die meisten von ihnen aber werden eigenwillig. Die Flasche allein genügt nicht; die Jungen müssen die gleiche Liebe spüren, wie eine Mutter sie ihren Kindern entgegenbringt. Weniger Liebe wird den Zoos nur halbzahme Tiger bescheren – die schlimmsten von allen und die gefährlichsten. Liebe kann man nicht auf Befehl geben; sie muß von innen herauskommen. Auf keinen Fall darf sie dazu führen, daß sich der Mensch zum Herrn aufschwingt. Dies hat, wenn die Tiere erst einmal erwachsen wurden, schon zu vielen Tragödien geführt. Wer die Großkatze liebt, der will dies auch gar nicht. Mit Ausnahme der Löwen sind sie nämlich von Natur aus unabhängige Einzelgänger, nicht daran gewöhnt, sich anderen zu unterwerfen.

In Howletts haben wir die Erfahrung gemacht, daß sehr intensive Gerüche, besonders von Alkohol, einen Tiger aufregen. Nick Marx wurde einmal von einem bis dahin sehr zuverlässigen Tiger, Hoogli, übel zugerichtet, als er »angeschickert« war. Am linken Arm trägt er schreckliche Narben, die ihn an dieses Mißgeschick erinnern. Ein anderes Mal betraten die beiden Wärter Kurt Paulich und Brian Stocks ein Gehege mit fünf ausgewachsenen indischen Tigern: Jhelum, Indus, Putra, Bhima und Tapti; diese waren seit vierzehn Tagen nicht mehr gefüttert worden. Es war Spätsommer, und in dieser

Zeit haben wir immer große Schwierigkeiten, genug verendetes Vieh zu bekommen. (Ein seltsamer Paragraph im englischen Gesetz besagt, daß Tiere, die auf einer Farm sterben, für den menschlichen Verbrauch nicht mehr geeignet sind. So fällt der Marktpreis um neunzig Prozent, und wir bekommen preiswertes Futter für unsere neunzig Fleischfresser.)

Paulich war leicht angetrunken, und drei der Tiger, Jhelum, unser größter männlicher indischer Tiger (Gewicht 420 Pfund), sowie Bhima und Tapti, seine Schwestern, sprangen ihn an. Paulich verschwand völlig unter dem grollenden, fauchenden Trio hungriger Katzen. Brian Stocks zog seinen niedergestreckten Freund unter den Tigern weg und half ihm auf die Füße. Zu seiner Überraschung entdeckte er nur einen leichten Kratzer an Paulichs Hals. Daß Kurt so glimpflich davonkam, ist schon erstaunlich und spricht für die Selbstbeherrschung dieser Fleischfresser. Beide Wärter zitterten am ganzen Leib und vergaßen diese Lektion niemals. Indus und Putra hatten sich übrigens an dem Überfall nicht beteiligt.

Auch ich erinnere mich noch gut an einige unangenehme Augenblicke. Als Jhelum mich einmal bedrohte, fühlte ich, wie ich von einer tranceähnlichen Starre befallen wurde. Es gelang mir jedoch, mich rechtzeitig und ohne Gesichtsverlust aus der Affäre zu ziehen.

David Livingstone berichtet von einer ähnlichen Erfahrung mit einem Löwen:

> Mit fürchterlichem Grollen nahe meinem Ohr schüttelte er mich hin und her wie ein Terrier eine Ratte. Der Schock ließ mich völlig erstarren. Ein ähnliches Gefühl muß eine Maus spüren, wenn die Katze sie packt. Ich hatte das Gefühl zu träumen, Schmerz oder Angst verspürte ich nicht, obgleich mir alles voll bewußt war. Es ging mir ähnlich wie einem Patienten, der unter Chloroformeinfluß seine Operation beobachtet und das Messer nicht spürt. Diese Reaktion entsprang keinem gedanklichen Prozeß. Das Schütteln verdrängte die Furcht und erlaubte kein Gefühl des Grauens beim Anblick der Bestie. Dieser merkwürdige Zustand tritt wahrscheinlich bei allen Tieren ein, die von Fleischfressern getötet werden; und wenn dem so ist, ist es eine barmherzige Einrichtung des Schöpfers, um den Todesschmerz zu lindern.

Alle Tiger mögen Wasser und sind ausgezeichnete Schwimmer. Obwohl auch ich ein guter Schwimmer bin, kann Zemo, der »tauchende Tiger«, mich im Wasser leicht einholen. Tauchen lernen war leicht für ihn, aber anders als Menschen taucht er nicht zum Spaß, sondern um etwas zu »apportieren«. Manchmal schwimmt er auf dem Grunde des Beckens wie ein Seehund mit offenen Augen.

Zarka, der »Einohrige«, und Zola begatten sich im Schnee. Zarka war der erste Tiger, der in Howletts geboren wurde. Seine Mutter biß ihm das rechte Ohr ab, vielleicht, weil sie es irrtümlich für die Nabelschnur hielt.

Mazar tötet Daisy. Wir glauben, daß diese Aufnahme einmalig ist.

Eine sibirische Tigerin und ihr Junges

Zea, eine sibirische Tigerin, bei Nacht

Ich würde zustimmen, daß Beutetiere bis zu einem gewissen Grad durch die Furcht betäubt werden, wenn sie von einem Raubtier erlegt werden. Ähnlich ist es beim Tiefenrausch, der dem Taucher gut bekannt ist. Die Furcht vor den großen Raubtieren ist in der Tat ein klassisches Phänomen, ohne jede Beziehung zur Einstellung gegenüber Verletzung und Tod im menschlichen Alltag. Diese mächtige Furcht ist Teil der jahrtausendealten Erinnerung unserer Rasse, und jedesmal, wenn ein Unfall mit einem großen Säugetier oder der Ausbruch eines Raubtiers in der Presse veröffentlicht wird, bricht sie aufs neue hervor.

»Tiger ausgebrochen!« oder »Gorilla los!« – das sind Schlagzeilen, welche die Bevölkerung von einem Augenblick zum anderen um Jahrtausende zurückwerfen. Äonenlang haben wir in angstvollem Respekt vor wilden Tieren gelebt, von denen einige während der Jäger- und Sammlerzeit wirklich unsere Konkurrenten waren. In England wird durchschnittlich pro Jahr ein Mensch – gewöhnlich ein Wärter – von einem wilden Tier getötet. Zwei Menschen werden von Hunden getötet, sieben von Hausbullen und 7 000 von Autos.

Amga wird ärgerlich auf Kurt Paulich

Vor einigen Jahren wurde der Arm eines Mädchens von Tigern, die erst kurz zuvor von Kanada nach Howletts gekommen waren, schlimm zugerichtet. Der Vorfall wurde im ganzen Land publiziert, und selbst in der internationalen Presse – in Texas und in Australien – wurde darüber berichtet. Am selben Tag starben in England 55 Leute durch andere Unfälle – im Haus, in der Industrie, auf der Straße. Nicht einer wurde erwähnt. Die großen Säugetiere beherrschen unser Unterbewußtsein, eine Tatsache, die den Werbefachleuten wohlbekannt ist. »Pack den Tiger in den Tank!« war eine der bisher erfolgreichsten Werbeaktionen überhaupt. Ich frage mich nur, wie lange die Anzeigenleute noch Werbung für »Jaguar«-Wagen, für »Gepard«-Reifen und »Polarbären«-Drops machen werden, wenn diese Tiere schon lange ausgerottet sind. Sagen und Legenden aus der Urzeit haben dafür gesorgt, daß die Tiere in unserer Psyche einen wichtigen Platz einnehmen. »Rotkäppchen und der Wolf«, »Wer hat Angst vorm bösen Wolf«, »Goldlack und die drei Bären« – die Ursprünge dieser und vieler anderer Kindergeschichten sind im Nebel der Zeiten verlorengegangen.

Nur wenige Tiere haben so unter Rufmord zu leiden wie der Tiger, und nur einige haben es weniger verdient. Der menschlichen Rasse wäre es zugute gekommen, hätte sie in ihm einen gleichwertigen Partner gesehen statt des Rivalen. Es ist besser, wie der Tiger an der Spitze der Tierhierarchie zu stehen, statt sich wie der Säulenheilige St. Simon nach Menschenart in luftiger Höhe auf einen Pfeiler zu setzen. Charakter und Veranlagung können sich beim Tiger genauso unterscheiden wie beim Menschen und beim Gorilla. Da jedes Tier ein bestimmtes Jagdgebiet hat, das es – solange der Futtervorrat reicht – kennzeichnet und schützt, lernen es die anderen Bewohner der Gegend (einschließlich der Menschen) kennen. Da gibt es wilde Tiger und zahme, ehrliche und falsche, berechenbare und unberechenbare, laute und stille, aufsässige und gutmütige. Nach meinen Erfahrungen kann ich sagen, daß von zwölf Tigern nur einer in unterschiedlichem Maße entwicklungsgestört ist, obwohl wir ein wirklich abartiges Tier noch nicht kennengelernt haben.

Wir haben festgestellt, daß Tiger, die uns gegenüber falsch sind, sich auch gegenüber den anderen Tigern so verhalten. Der Stammvater der Howletts-Kolonie, Mazar, war einer von ihnen, aber glücklicherweise hat von sei-

Chuga erlitt einmal einen schlimmen Kolikanfall, aber es war uns möglich, seine Qualen durch Massage zu lindern. Als er zu krank war, um seine Behausung zu verlassen, kletterte Kurt gewöhnlich zu ihm hinein.

nen Nachkommen nur seine erste Tochter Zsa Zsa seine Unberechenbarkeit geerbt. Beide, Mazar und Zsa Zsa, haben unter den anderen Tieren verheerende Dinge angerichtet. Mazar hat nicht weniger als drei seiner Tigerinnen getötet – Kya, Tara und Daisy. Wir vermuten, daß er Kya während der Paarung getötet hat. Ihr Sohn Zarka war damals drei Monate alt, und er wurde von Hand großgezogen. Kya war eine schwächliche Tigerin, und bei der Autopsie zeigte sich, daß sie an Darmkatarrh gelitten hatte. Durch Zarka, den Einohrigen, überlebte jedoch ihre Linie. Auch Tara, die Ernst Lang als eine der schönsten Tigerinnen beschrieb, die er jemals gesehen habe, nahm ein unglückliches Ende. Sie hatte Mazar immer mit großem Geschick behandelt, hatte sich mit ihm gepaart und sich im allgemeinen gut schützen können gegen seine gelegentlichen frustrierten Wutanfälle. Offensichtlich werden einige Tiger schlecht gelaunt, wenn sie sich paaren wollen, das Weibchen aber nicht empfänglich oder schwanger ist. Tara kannte Mazars schlechte Angewohnheiten genau. Sie rollte sich dann in ihrer Lagerstätte zusammen oder zog sich auf eine Rampe zurück und verteidigte sich gegen die halbherzigen Drohungen mit Gegendrohungen. Im Winter 1970 jedoch regnete es so stark, daß ihr Gehege zu einem einzigen Schlammteich wurde. Wir hatten angefangen, für sie ein neues Gehege zu bauen. Aber eines Morgens, wenige Tage, bevor wir sie ins neue Gehege bringen wollten, fanden wir sie: Sie lag im Sterben, ihre Luftröhre war durchlöchert – ohne Zweifel durch einen von Mazars Schneidezähnen. Sie war über und über mit Schlamm bedeckt – sie hatte mit Mazar gekämpft und war ausgerutscht. Unfähig, sich zu schützen, war Tara dann tödlich verwundet worden. Eine Autopsie brachte drei gutentwickelte Fötusse ans Licht. Ich weinte, als sie starb, und ich begrub sie am Ende der Lindenallee neben meiner Tochter Mameena, die im Alter von wenigen Monaten an einem Herzfehler gestorben war. Tief bewegt vom Verlust eines solch großen Freundes, schrieb ich das Gedicht »Meine Tigerin«. Es war nur ein geringer Trost. Auch spürte Mazar den Verlust. Drei Wochen lang rief er jede Nacht nach ihr.

Ihr freundliches und loyales Wesen hat sie den meisten ihrer Nachkommen vererbt. Sie hat nicht umsonst gelebt, und wenn wir Glück haben, werden ihre Erbanlagen bis ins kommende Jahrhundert weiterbestehen, denn

Meine Tigerin, Tigerin, Tigerin
wenn ich Mazars klagende Rufe höre,
sehe ich das Rotbraune deines Fells
und das Weiße um deine Augen.

Ich höre deinen Willkommensgruß.
Das Knurren, das nur dem Tiger eigen,
und ich spüre dein weiches Tigerfell
auf meinem Gesicht voller Tränen.

Ich schwöre es dir, meine Tigerin,
daß dein Blut nicht vergehen wird.

Es lebt in Zsa Zsa, Zombie und Zola,
in Zemo, Zorra und Zon.

Ich schwöre, ich schwöre, ich schwöre,
zu sühnen des Menschen Schuld.
Auf tausend bringe ich dein Geschlecht
und sehe dich wieder im Dschungel der Zeit.

zehn ihrer Jungen haben überlebt, und acht davon haben bereits selbst Junge bekommen.

Mazars anderes Verbrechen war ganz außergewöhnlich. Ich hatte eine Tigerin mit dem Allerweltsnamen Daisy gekauft. Sie pflegte ihre Jungen selbst großzuziehen, und ich wollte, daß sie meiner kleinen Gruppe von Weibchen diese Fähigkeit vermittelte. Daisy kam aus Florida. Während der sechsmonatigen Quarantänezeit gab ich ihr das Gehege neben Mazar, mit dem ich sie paaren wollte. Als die gesetzliche Frist verstrichen war, ließ ich sie zusammen. Mazar schoß auf Daisy zu und sprang sie an, als wäre sie eine Antilope. Er bekam sie an der Gurgel zu fassen, und in Minuten war sie erstickt.

Da wir Mazars Sündenregister kannten, waren wir nicht unvorbereitet gewesen. Wir waren hereingestürzt, hatten Ascheneimerdeckel wie Tambourine gegeneinandergeschlagen und mit dem Spaten auf Mazar eingeschlagen. Alles hatte keinen Sinn mehr! Nichts hätte ihn von seinem Tun abbringen können. Es war kein Kampf, sondern eine Hinrichtung. Der heimische männliche Tiger sah in Daisy eher den Eindringling als den zukünftigen Gefährten.

Nach diesem entsetzlichen Unglück lassen wir ganz selten eine Tigerin zu Mazar, besonders deshalb, weil seine Söhne Zarka und Zemo das Zuchtalter erreicht haben. –

An dieser Stelle möchte ich noch gerne einen Zwischenfall mit Zarka erzählen. Regelmäßig machte ich mit dem Tiger einen Spaziergang durch den Park. Aber als er beinahe erwachsen war, wurde es immer schwieriger. Je älter er wurde, desto weniger gefiel es ihm, in meiner Nähe zu bleiben. Ich hatte mir daher angewöhnt, einen großen Bogen um alle Huftiere des Parks zu machen.

An einem warmen Juninachmittag im Jahre 1964 – Zarka war damals drei Jahre alt und wog 350 Pfund – machte er seinen letzten Ausflug. Der tief in ihm wohnende Jagdinstinkt gewann die Oberhand, und bestürzt mußte ich beobachten, wie er sich mit offensichtlich ernsthaften Absichten an den beinahe ausgewachsenen Bisonbullen Ugh heranpirschte. Ugh, der gut über eine Tonne auf die Waage brachte, nahm absolut keine Notiz von dem sich anschleichenden Tiger – obwohl seine Gefährtin Wawa alarmierend den

Schwanz hochgestreckt hatte und grunzende Laute von sich gab. Zu meinem Entsetzen sprang Zarka Ugh in den Nacken. Wie von der Tarantel gestochen, jagte Ugh davon – direkt auf mich zu.

Der Tiger war so verwirrt, daß es mir vorkam, als wollte er sich eher am Bison festhalten, als ihm einen Schaden zuzufügen. So rasten sie an mir vorbei. Und nachdem Zarka sich noch sechzig bis achtzig Meter an Ughs Nacken festgekrallt hatte, fiel er herunter. Ugh wirbelte herum, und einen Augenblick lang sah es so aus, als wollte er den Angreifer durchbohren.

Zarka war völlig erschöpft. Ich rief dem Aufseher zu, er solle mit dem Landrover Fleisch holen. Während er seinen Auftrag erledigte, stand ich zwischen den beiden Tieren. Der Bison war außer sich vor Wut und Furcht, der Tiger am Boden zerstört. Wäre Ugh ein voll ausgewachsener Bulle gewesen, hätte er mich über den Haufen gerannt und dem Tiger ein Ende gemacht. So aber fehlte es ihm an Selbstvertrauen.

Langsam kam Zarka wieder zu Kräften. Er schüttelte sich, und zu meinem Erstaunen pirschte er sich aufs neue an. Glücklicherweise kam in diesem Augenblick der Landrover. Wir lockten Zarka hinein und brachten ihn aus der Gefahrenzone hinaus in Sicherheit. Beide Tiere hatten den Zwischenfall ohne Schaden überstanden.

Nachdem die Tigerkolonie sich gut etabliert hatte, beschlossen wir, für frisches Blut zu sorgen. Zu diesem Zweck erstanden wir Benjy, den wir in Bhenji umtauften und damit »indischer« machten. Er war neun Monate alt und stammte aus einem Zirkus. Er kam zu uns: voller Abneigung und Angst vor Menschen. Nach achtzehn Monaten gehörte er zu jenen, die wir am leichtesten nehmen konnten. Bhenjis Fell war von hellgelber Farbe, und er hatte eine Mähne, die einem Serengeti-Löwen gut zu Gesicht gestanden hätte. Er ist der einzige Tiger, bei dem ich jemals eine solche Mähne gesehen habe. Als diese im Winter 20 bis 25 Zentimeter lang wurde, sah er aus wie ein »Tigon«, ein Abkömmling eines männlichen Tigers und einer Löwin. Unglücklicherweise war er einer der beiden Tiger, die in unserer Kolonie an Krankheit starben. Er erlag einer Nierenentzündung, aber vorher hatte er Zorra erfolgreich geschwängert. Sechs Wochen nach seinem Tod gebar sie einen Jungen und drei Mädchen. Bhenjis Sohn Zinjh sieht genauso aus wie sein Vater.

Ich werde oft gefragt, ob es einen erkennbaren Temperamentsunterschied zwischen den Tigern der großen sibirischen und der indischen Rasse gibt. In Howletts haben wir nichts davon bemerken können.

Nach der Volksweisheit werden das Temperament um so heißer und die Launen des Tigers um so sprunghafter, je weiter man nach Süden kommt. In Howletts waren nur die sibirische und die indische Rasse vertreten; bei der letzteren läßt sich durch Mazar unzweifelhaft malayisches und/oder Sumatra-Blut nachweisen. Man sieht es an seinem Äußeren; er ist kurz, untersetzt; mit einem konkaven, stark behaarten Kopf und einem Mantel mit dichten Streifen, die sporadisch in Flecken übergehen. Der sogenannte »Königliche Bengale« ist ein Begriff geworden, der unterschiedslos für jeden indischen

»Angriff« von fünf indischen Tigerjungen

Tiger gebraucht wird. Die meisten Tiger, die im Zoo leben und deren Stammbaum nicht bis Sibirien, Sumatra oder China zurückreicht, sind Bastarde aus Unterrassen. In diese Kategorie fällt die Howletts-Gruppe. Alle Tiger sind nahe verwandt. Die ursprüngliche Rasse stammt aus den weiten Taiga-Wäldern in Ostsibirien, die sich erst vor relativ kurzer Zeit nach Westen bis zum Kaspischen Meer und nach Süden bis auf Bali verbreitet hat. Frühe indische Schriften erwähnen den Löwen häufig, den Tiger dagegen kaum. Der Tiger ist vermutlich erst während der letzten 4000 Jahre nach Indien vorgedrungen und hat seinen Weg nach Süden durch Burma, Malaysia und Sumatra fortgesetzt. Selbst große Meere konnten das Vordringen der erfolgreichen Räuber nicht stoppen.

Es ist bekannt, daß sie schwimmend große Entfernungen überbrücken können; und auf den schwimmenden Inseln des Ganges-Deltas – den Sunderbans – haben sie sich einem Amphibienleben angepaßt. Alle Tiger können von Natur aus schwimmen, so daß sie einen Menschen im Wasser mit Leichtigkeit schlagen können. Zemo, das zweite in Howletts von Hand großgezogene Männchen, also Taras erster Sohn, ist ein geschickter Taucher.

Chara, die erste sibirische Tigerin, die in England geboren wurde. Hier ist sie zehn Tage alt.

Wenn er taucht, dann meist, um etwas zu fangen, das er gerade jagt, nicht zum Vergnügen. Wenn er mich im Wasser jagt, dann verfolgt er mich wie ein Seehund selbst bis auf den Grund des Beckens. Obgleich ich ein guter Freistilschwimmer bin, kann Zemo mich mit Leichtigkeit einholen. Ich habe schnell gelernt, diese Wasserspiele zu meiden, denn Wettauchen mit einem Tiger ist kein Spaß mehr. Zemo scheint nichts von den Atemgesetzen zu wissen, und ich konnte meinen Atem nicht lange genug anhalten, um dieses Spiel mit Freude zu genießen.

Ein Tiger frißt gern Fisch und lernt, ebenso wie der Jaguar, bei passender Gelegenheit schnell, auch diese Beute zu fangen. Selten macht er den klassischen menschlichen Fehler, alle seine Fähigkeiten einzusetzen, wenn es nicht ums Überleben geht. Wenn er, durch die Umstände gezwungen, zum Rinderdieb oder Menschenfresser wird, so wird er alle Register der Vorsicht und der List ziehen, Fähigkeiten, die unter normalen Umständen kaum zutage treten. Die Großkatzen machen selten den Fehler, klüger zu sein, als die Umstände es erfordern. Im Menschen haben die Tiger natürlich ihre Nemesis gefunden. Sie haben überhaupt keine Möglichkeit, sich ihm anzupassen, weil er ihnen außer der Beute und dem Wasser auch den Schutz nimmt, den er zum Überleben braucht. Das Dickicht, das ihm als Deckung dient, wird nicht wieder aufgepflanzt, statt der wilden Hirsche und Antilopen kommen Rinder. Die Wasservorräte verschwinden, denn mit der fortschreitenden Abholzung der Wälder trocknen die Seen, Flüsse und Bäche aus.

Der Tiger hat nur noch eine Trumpfkarte in der Hand, bevor er für immer scheidet. Es ist seine Fähigkeit, in uns Bewunderung und Anhänglichkeit zu wecken. Wenn mehr Menschen etwas über seinen Charakter und seine Qualitäten wüßten, dann wäre seine Zukunft sichergestellt. Es bleibt nur zu hoffen, daß die wachsende Zahl seiner Anhänger in der ganzen Welt sich seiner erinnert, wenn die Stunde schlägt. Kann ein Tier mit solch unsterblichem Ruhm einfach von der Erde verschwinden? Ist es möglich, daß wir es langsam aussterben sehen, ohne aus unserem Stumpfsinn aufzuschrecken? Wenn meine Worte helfen, nur ein Dutzend Freunde für ihn zu finden, dann habe ich sie nicht umsonst geschrieben – aber seine Lage ist so ernst, daß nur ein weltweiter Gefühlsumschwung ihn noch zu retten vermag.

Spielerische Jagd mit einer Gruppe von einjährigen Indischen Tigern

ANDERE TIERE

Wenn ich auch in diesem Buch den Gorillas und den Tigern viel Platz eingeräumt habe, so möchte ich doch nicht, daß der Leser denkt, ich würde den anderen Tieren hier weniger Beachtung schenken. Natürlich hat man seine Lieblinge unter den Rassen und Tieren, und es wäre müßig vorzugeben, daß Gorillas und Tiger nicht zu denen gehören, die ich besonders bewundere und respektiere. Viele der großen Säugetiere in Howletts Park sind einfach noch nicht lange genug bei uns, um sie richtig einzuschätzen.

Die Elefanten und Rhinozerosse zum Beispiel sind noch zu jung, um sich zu paaren. Eines Tages werde ich ihnen ein ganzes Buch widmen.

Die Schnee- und Amurleoparden, zwei der schönsten und seltensten Katzen der Welt, haben kaum Zeit gehabt, sich einzuleben, seit sie von Chicago und Frankfurt hier angekommen sind. Über das Leben dieser beiden Katzen in der Wildnis ist nicht viel bekannt. Im Gegensatz zum Nebelparder und zu den Amurarten wurde der Schneeleopard oder »Luchs« kürzlich für das Magazin »National Geographic« von George Schaller zum erstenmal in seiner natürlichen Umgebung fotografiert – ein ganz bemerkenswertes Ereignis. In naher Zukunft möchten wir diese außergewöhnlich seltenen Tiere dazu bringen, daß sie sich paaren, und ihnen so helfen zu überleben. Unser erstes Nebelparderpaar hat während der letzten vier Jahre zwölf Junge zur Welt gebracht, aber zehn weitere haben wir durch das härtere Klima und andere Schwierigkeiten verloren. Ein Pärchen haben wir nach Berlin geschickt, ein weiteres nach Londrina in Brasilien, und eins ging nach San Franzisco.

Das meiste Glück hatten wir, als es uns zum erstenmal auf der ganzen Welt gelang, den afrikanischen Honigdachs in der Gefangenschaft zum Werfen zu bringen. Zum allerersten Mal hatte ich über dieses außergewöhnliche kleine Tier etwas in F. W. Champions Buch »The Jungle in Sunlight and Shadow« gelesen. Nach seinen Erfahrungen – und dabei stützt er sich auch auf Dunbar Brander und Captain Pitman – ist der Honigdachs das mutigste Tier der Welt.

Eines Tages kam es mir in den Sinn, auch dieses Tier zu züchten. Aber von der indischen Art konnte ich immer nur Einzeltiere, niemals ein Pärchen bekommen. So gab ich mich letzten Endes mit einem Paar, das ich in Windhuk, Südwestafrika, von einem Händler kaufte, zufrieden. Alles, was ich über die

Honigdachse gelesen hatte, erwies sich noch als Untertreibung. Wenn sie auch nicht grundlos angreifen, so reagieren sie doch bei allem, was sie als Bedrohung empfinden, mit dem härtesten aller Mittel: Sie gehen direkt zum Angriff über.

Einmal nahm ich meinen indischen Dachs und den fast ausgewachsenen Tiger Zarka mit auf einen Spaziergang. Ich bereute das bitter, denn der Dachs griff den Tiger an und biß auch mich, als ich die beiden trennen wollte. Er war so wütend, von Zarka ablassen zu müssen, daß er sich umdrehte und mir in den Arm biß, obwohl ich ihn mit ausgestrecktem Arm am Nacken hielt.

Mehrere Junge sind aus unserer afrikanischen Gruppe hervorgegangen, aber nur drei haben überlebt. Der erste war Tsumis.

Das erste Tier, das ich mir anschaffte, habe ich immer noch. Es ist Dheddi, ein schwarzkappiges Kapuzineraffenmännchen. Dheddi befand sich in schrecklichem Zustand, als ich ihn 1957 in einem Tiergeschäft entdeckte – über und über bedeckt mit Geschwüren und nackten Stellen. Ich schätzte ihn auf ungefähr ein Jahr und kaufte ihn aus Mitleid mit seinem erbarmungswürdigen Zustand – und in Bewunderung seines Lebensmutes, der aus seinen verängstigten, aber doch mutig dreinschauenden Augen leuchtete. Er ist nun der Vater von sieben lebenden Söhnen und zwei Töchtern und der Herrscher über einen Klan von vierzehn Tieren. Ich brauchte Monate unablässiger Aufmerksamkeit, um Dheddis Vertrauen zu gewinnen.

Seine Mutter war wahrscheinlich erschossen worden, und die erste Erfahrung, die er mit dem Menschen gemacht hatte, war die, daß er von ihrem erstarrten, leblosen Körper weggerissen wurde, in einen zu engen Verschlag gepfercht und auf dem Markt von einem Händler feilgeboten wurde. Armer Dheddi. Zuerst machte er entsetzlich langsam Fortschritte. Aber da er hochintelligent war, gab ich so schnell die Hoffnung nicht auf. Ich glaube, er hatte recht bald herausgefunden, daß ich es gut mit ihm meinte, aber er unterlag immer wieder seinem unbeständigen Temperament.

Ein Jahr, bevor ich Howletts kaufte, hatte ich für zwei Sommermonate ein entzückendes Landhaus in der Nähe von Abingdon in Berkshire gemietet. Dort hatte ich mich mit meiner ersten Frau, zwei Himalayabären und Dheddi

Tsumis. Man glaubt, daß er der erste Honigdachs ist, der in Gefangenschaft aufgezogen wurde.
Dheddi, mein erstes Tier

niedergelassen. Zur Bewährungsprobe kam es, als Dheddi fünf Monate nach seinem Kauf ausrückte. Er stürzte sich aus dem offenen Fenster, schoß am Gartenzaun entlang und war schon im Gestrüpp verschwunden. Ich folgte ihm und fragte mich bekümmert, wie ich ihn jemals wieder einfangen könnte. Schon bald sah ich ihn auf einem abgestorbenen Apfelbaum sitzen, seinen »Klickaklock-klickaklock«-Alarmruf ausstoßend, umgeben von einem Meer von Brennesseln. Ich näherte mich dem Baum, blieb stehen und sah zu Dheddi hoch. Durch zärtliches Wiederholen seines Namens versuchte ich ihn zu beruhigen und spürte, daß er sich mehr vor der fremden Umgebung fürchtete als vor mir. Er machte einige Bewegungen auf mich zu, konnte sich aber nicht entschließen, zu mir zu kommen. Nach langer Wartezeit entschied ich mich für eine List. Ich wandte mich um, als wollte ich ihn verlassen. Entsetzt schrie er auf und bewegte wild seine Augenbrauen, wie seine Artgenossen es im Alarmzustand machen. So hielt ich inne und ging zum Baum zurück. Dieses Mal drehte ich ihm den Rücken zu, denn ich hatte das Gefühl, daß eine Konfrontation Auge in Auge zuviel für ihn war. Das brachte die Wende. Er kletterte auf meine Schultern, wickelte seinen Greifschwanz um meinen Nacken und vergrub den Kopf in seinem Bauch. So begann eine dauerhafte Freundschaft.

Drei oder vier Jahre später fand ich für Dheddi ein wunderhübsches Mädchen namens Shadow, und zusammen haben sie eine kleine Bande von »Schwarzkappen« gegründet. Ihr Erstgeborener, Nothing, ist jetzt zwölf Jahre alt und schaut genauso aus wie sein Vater im damaligen Alter. Dheddi dürfte noch viele Jahre leben. Im San Diego Zoo in Kalifornien ist das Schwarzkopfmännchen Irish 45 Jahre alt geworden und hat neunzehn Kinder gezeugt. Im Laufe der Jahre habe ich übrigens auch Kolonien mit weißbrüstigen Kapuzinern und Wollaffen gegründet, die sich nun gut vermehren.

Meinen ersten Schimpansen beschaffte ich mir, als ich 1959 in New York war. Während meines Besuches gewann ich einige tausend Dollar auf der Yonkers Rennbahn, und am folgenden Tag marschierte ich zu Trefflichs Tierhandlung. Dort begegnete ich dann zum erstenmal einem anderen lebenslangen Freund, einem 12 Pfund schweren kleinen Schimpansenmädchen von der Gattung der Schwarzgesichter, das wir dann Yonkus nannten.

Dheddi und Shadow mit Nothing, den man gerade noch auf ihrem Rücken erkennen kann.

Yonkus war in schrecklicher Verfassung und betrachtete meine Frau und mich von Anfang an als ihre Retter. Wir hatten allerdings ein Problem im Hotel Gotham, wo wir untergebracht waren, da die Geschäftsleitung Gästen nicht erlaubte, wilde Tiere mitzubringen. Wir überwanden diese Schwierigkeit, indem wir Yonkus von Kopf bis Fuß in teure Kaschmirschals einhüllten und vorgaben, sie sei ein menschliches Baby. Die List klappte herrlich beim Empfang, nicht aber beim Stubenmädchen, das wir dann durch Bestechung zum Schweigen bringen mußten. Als Baby buchten wir Yonkus auch bei der PanAm auf dem Flug nach Hause. Sie hätte es nicht überlebt, wenn sie verpackt als lebendiges Frachtgut verschickt worden wäre. Der Plan scheiterte beinahe, als wir die Stufen ins Flugzeug hochkletterten. Wir strahlten beide den Besitzerstolz junger Eltern aus, um jeden Verdacht im Keime zu erstikken. Eine der Stewardessen aber bat meine Frau, den Schal beiseite zu schieben, um das Gesicht des Babys betrachten zu können! Wir erklärten, das »Baby« schlafe fest und dürfe nicht gestört werden – was nur zu wahr war, denn wir hatten Yonkus eine Schlaftablette gegeben, damit sie ruhig blieb. Sobald wir in der Luft waren, konnte der Betrug nicht länger verheimlicht werden. Die meisten Passagiere in der schmalen Erster-Klasse-Kabine fanden das gar nicht lustig – der Kapitän des Flugzeugs noch weniger – aber wir hatten ein »fait accompli« geschaffen und niemand konnte mehr etwas dagegen tun.

Yonkus brachte einen Sohn namens Bongu und zwei Töchter, Binkus und Yonkus II., zur Welt. Der Vater, Bustah, war ein herrliches Männchen, das wir drei Jahre nach ihrer Ankunft in Howletts für sie erstanden hatten.Bongu zog sie selbst auf, doch aus rätselhaften Gründen hatte sie für Binkus keine Milch. Richard mußte sie mit der Flasche großziehen. Vor einigen Jahren bekam sie noch einmal ein Junges, und wieder mußten wir uns entschließen, ihr das Baby zu nehmen, weil sie nach fünfzig Stunden immer noch keine Milch geben konnte. Und dann geschah das Unglück. Tom Begg gab Yonkus die gleiche Dosis Schlafmittel, die wir ihr gegeben hatten, als wir Binkus von ihr weggenommen hatten. Dieses Mal jedoch wachte sie nicht mehr auf. Wir alle waren sehr erschüttert. Sie hatte das Matriarchat bei der Schimpansengruppe übernommen, und Richard und ich hingen sehr an ihr. Hätten wir die

Janie Osborne und Yonkus II.

leiseste Ahnung gehabt, daß ihr etwas zustoßen könnte, hätten wir ihr das Baby gelassen und abgewartet, was passieren würde. Yonkus II. hat sich inzwischen sehr gut entwickelt und sieht genau wie ihre Mutter aus.

Wenn die Schimpansen auch nahe verwandt mit den Gorillas sind, so trennt sie doch sehr viel von dem größeren Affen. Vom Gefühl her sind die beiden Arten Welten voneinander entfernt, und der Unterschied wird oft in ihrem Benehmen deutlich. Schimpansen sind laut, und Vernon Reynolds stellt in seiner Studie »Budongo« die plausible Theorie auf, daß Lautäußerungen für fleischfressende Affen von Wichtigkeit sind. Der Gorilla lebt vom Waldboden, von den Wurzeln, Zweigen und Blättern, die ihm einen beinahe grenzenlosen Überfluß liefern. Dem Schimpansen jedoch nützen die Früchte und Kerne, die er bevorzugt, nur dann etwas, wenn sie reif sind. Reynolds und Goodall haben häufig erlebt, daß das laute Geschrei von Schimpansen, die gerade reife Früchte entdeckt hatten, Artgenossen aus meilenweiter Entfernung anlockt. Bis zu achtzig Schimpansen sind beobachtet worden, wie sie sich über wilde Feigen und Marulas hermachten.

Konkurrent des Schimpansen ist der sehr anpassungsfähige Pavian, mit dem er das gleiche Jagdgebiet teilt. Der kleinere Affe macht aus seinem Herzen keine Mördergrube. Er hat eine niedrige Emotionsschwelle und zeigt Liebe und Haß sehr offen. Wutanfälle, wie man sie bei Gorillas nur selten und dann auch nur bei jüngeren Tieren erlebt, sind beim Schimpansen alltäglich.

Diese Eigenart und seine Neigung, Menschen in ihrer Gegenwart nachzuäffen, sind es wohl, die den Schimpansen in unseren Augen herabsetzen. Die meisten Leute fühlen sich ihm überlegen, und es scheint so, als wären die Affen bereit, das zu akzeptieren. Natürlich stellen die meisten Zoologischen Gärten nur jugendliche Tiere aus, und nur wenige Besucher haben je einen 180 Pfund schweren, ausgewachsenen Schimpansen gesehen. Sonst wäre das Gefühl der Überlegenheit vielleicht geringer. Es ist schon beeindruckend, so einen alten Kämpen zu betrachten, vor allem, wenn er »eine Schau abzieht«.

Im Gegensatz zur allgemeinen Auffassung gibt es zwischen Gorillas und Schimpansen keinen nennenswerten Intelligenzunterschied, wenn heute auch feststeht, daß der Orang-Utan ein gutes Stück hinter den beiden zu-

rücksteht. Yerkes Primaten-Institut hat die beiden Affenarten einem Intelligenztest unterzogen. Dabei stellte sich heraus, daß die Schimpansen gewandter waren und mehr handwerkliches Geschick besaßen, die Gorillas aber beim konzeptionellen Denken vorn lagen. Sandy Harcourt, die zwei Jahre lang mit Dian Fossey die Bergrasse studiert hat, erzählte mir, ihrer Meinung nach führten die Gorillas eine Aufgabe mit viel mehr Ausdauer durch als die Schimpansen. Das stimmt mit meinen eigenen Erfahrungen überein. Der Schimpanse hat anfangs die Nase vorn, weil er wißbegieriger ist und imitieren kann. Er ist schneller, williger und leichter erregbar. Der Gorilla dagegen scheint alles in sich aufzunehmen, aber wenig abzugeben. Er wäre ein viel besserer Pokerspieler als der Schimpanse, wenn er seine Karten an seine mächtige Brust pressen würde.

Ich kann mich erinnern, daß uns Gugis und Shamba, als sie noch bei uns im Haus wohnten, oft beim Telefonieren beobachteten. Sie zeigten kein sichtbares Interesse; eines Tages aber hörte ich abgehackte Geräusche einer Unterhaltung im Nebenraum und sah, wie Shamba den Telefonhörer in der richtigen Position ans Ohr hielt. Ich dachte, sie hätte einen Anruf beantwortet und nahm den Hörer, um nachzufragen. Eine verwirrte Stimme antwortete, sie habe gerade einen Anruf bekommen, wisse aber nicht, was das alles bedeuten solle. Linkisch erklärte ich, daß von einem Gorilla angerufen worden sei; der Gesprächspartner lachte albern und legte auf. Irgendwie hatte Shamba es geschafft, drei Nummern für ein Ortsgespräch zu wählen, und die Antwort, die sie erhalten hatte, hatte sie zu noch größeren Anstrengungen angespornt. Nach diesem Vorfall mußten wir das Telefon im Schrank einschließen.

Gorillas und Schimpansen kommen im Regenwald offensichtlich gut miteinander aus – sie gehen sich aus dem Weg. Die Jäger der Kribi- und Ebolowa-Stämme im Kamerun haben mir erzählt, daß die Schimpansen Gorillas manchmal mit Stöcken in die Flucht schlagen. Diese Geschichte habe ich mir mit unverhohlener Skepsis angehört. Später, als ich dann Korthlands Bericht über Schimpansen las, wurde ich nachdenklicher. Korthland hat Schimpansen dabei beobachtet, wie sie einen ausgestopften Leoparden mit Stöcken und Wurfgeschossen attackierten – und zwar mit großem Einsatz. Nach meinen Erfahrungen neigen Gorillas ebenso wie ihre Schimpansenvettern dazu, Werkzeuge zu benutzen. Und überhaupt – welchen plausiblen Grund gäbe es für feindschaftliche Beziehungen zwischen Gorillas und Schimpansen? Ich persönlich glaube, daß die Schimpansen einer anrückenden Gorillagruppe das Feld überlassen würden.

Die zahlenmäßige Über- oder Unterlegenheit spielt eine große Rolle im Herrschaftssystem der Säugetiere. Fünf Hyänen werden einen Leoparden von einem frisch erlegten Wild wegjagen, zehn oder zwölf gehen manchmal einen Kampf mit einem Löwen ein. Unter normalen Umständen wird es einem Tiger nicht im Traum einfallen, einen ausgewachsenen Wasserbüffel oder einen Gaur herauszufordern, es sei denn, verzweifelter Hunger triebe ihn dazu. Zwei oder drei Löwen sind nötig, um einen afrikanischen Büffelbullen zu überwältigen.

James Allen, der lange Zeit Wärter von Seronera im Serengeti-Park war, hat mir einmal erzählt, daß er beobachtet hat, wie sechsundzwanzig Hyänen drei Löwen von einem frischgetöteten Zebra wegjagten. Es ist durchaus möglich, daß sich eine Schimpansengruppe von dreißig bis vierzig Mitgliedern mit einer kleinen Gorillafamilie anlegt. John McKinnon berichtet in seinem Buch »In Search of the Red Ape« von einer Familie großer schwarzer Gibbon- oder Siamang-Affen, die eine Gruppe von Sumatra-Orang-Utans solange attackierten, daß diese sich schließlich gezwungen sahen, einen allseits beliebten Durian-Baum, der mit Früchten beladen war, preiszugeben.

Ich muß zugeben – und hier spreche ich ausschließlich für mich –, daß ich trotz all ihrer bewundernswürdigen Qualitäten für die Schimpansen nicht den gleichen Respekt und die gleiche Achtung hege wie für die Gorillas. Der Grund ist wahrscheinlich einfach der, daß ich gerne zu großen Tieren aufschaue. Schimpansen sind uns zu ähnlich in Temperament und Veranlagung. Man entwickelt schnell ein Gefühl der Herablassung für sie. Engländer meiner Herkunft sind so erzogen worden, daß leichte Erregbarkeit und emotionale Unbeständigkeit mit Verachtung gestraft werden. Und diese beiden Eigenschaften besitzt der Schimpanse nun einmal.

Ein Tier, das wegen seines Mutes und seiner Angriffslust seit langem meine Bewunderung besitzt, ist das schwarze Rhinozeros. Ich habe immer den Wunsch gehabt, diese Rasse zu züchten. Im Sommer 1975 beobachtete ich, daß unser sechs Jahre altes Männchen Baringo den Versuch machte, Rukwa zu besteigen. Sie ist achtzehn Monate jünger als er. Baringo ist in Dublin geboren und kam im Alter von zwei Jahren nach Howletts. Nur sechs oder sieben schwarze Rhinozerosse werden jährlich in den zoologischen Gärten der ganzen Welt geboren. So würde es uns doppelt freuen, wenn Rukwa oder die andere Rhinozeroskuh Naivasha in den nächsten Jahren ein Junges bekommen würde. Es ist ein langer Prozeß, denn die Schwangerschaft dauert achtzehn Monate. Außerdem ist ein Weibchen erst mit sechs oder sieben Jahren empfängnisbereit.

Sich mit schwarzen Rhinozerossen einzulassen, hat schon einen gefährlichen Reiz, denn es sind äußerst streitsüchtige Tiere. Von unserer Dreiergruppe ist Rukwa die einzige, die einen absolut verläßlichen Charakter hat. Was immer auch passiert, sie bleibt ruhig und gelassen. Naivasha, mit der sie eine innige Freundschaft verbindet, ist wahnsinnig leicht erregbar. Beide stammen aus der Wildnis. Naivasha hat eine tellergroße Narbe auf der Flanke – entweder das Werk eines Löwen oder Folge eines Unfalls bei ihrem Fang. Wie immer es auch dazu kam, sie ist so nervös, daß man nichts mit ihr anfangen kann. Wir befürchten sogar, daß sie so überreizt ist, daß sie Baringo nicht erlauben wird, sie zu besteigen. Im Augenblick konzentriert sich dessen Aufmerksamkeit allerdings ganz auf Rukwa. Ich habe schwarze Rhinozerosse in Ngorongoro bei der Paarung beobachtet, und das ist eine äußerst geräuschvolle Angelegenheit. Dem Schreien und den Bewegungen nach zu urteilen hält man es eher für einen Kampf als für einen Liebesakt.

Es ist schwierig, Rhinozerosse in Gefangenschaft zu züchten, denn das Männchen entzieht sich gern für einige Zeit den Blicken der Weiblichkeit. So ist es notwendig, das Gehege und die Weiden in unterschiedlichen Höhen anzulegen oder einen dichten Sichtschutz zu errichten. Aus den Augen – aus dem Sinn: Das hat für das Verhalten eines Rhinozerosses nicht nur sprichwörtliche Bedeutung. In der kleinen Howlettsgruppe ist es mit Sicherheit so. Baringo, der Bulle, ist entweder scharf auf Rukwa und Naivasha, oder er meidet ihre Nähe. Will er mit ihnen nichts zu tun haben, und es gelingt ihm nicht, so macht er seinem Ärger mit schnaubenden Verwünschungen Luft und jagt sie davon. Manchmal benimmt er sich auch mir gegenüber so. Ganz plötzlich wird er aggressiv. Er senkt den Kopf, bis die Hörner den Boden berühren, und bläst durch die Nüstern. Bei mir genügt diese Drohung. Doch er tut es selten, denn sobald er erkannt hat, daß ich mit ihm schmusen, ihn rubbeln oder mit dem Schlauch abspritzen will, akzeptiert er meine Gegenwart.

Baringos Launen sind deutlich erkennbar, und böse Unfälle dürften so leicht vermieden werden können. Aber wenn er angreift, so meint er es ernst, und mehrere Male mußte ich schon in unziemlicher Hast über den Zaun springen. Rukwa hat sich noch niemals aggressiv gezeigt, aber mit Naivasha ist das wieder etwas anderes. Sie ist unberechenbar, leicht erregbar und hochnervös. Einmal griff sie mich aus heiterem Himmel an, aber sie führte ihren Angriff nicht zu Ende – offensichtlich fehlte ihr der Mut zum endgültigen Zusammenstoß. Wenn man sich im Gehege dieser großen Säugetiere aufhält und allein ihrer Gnade ausgesetzt ist, empfindet man ihnen gegenüber höchsten Respekt. Glücklicherweise sind sie meist gutmütig gestimmt.

Die Rhinozerosse gehören unter den Säugetieren zu einer elitären Gruppe, der man das Prestigebewußtsein offensichtlich in die Wiege gelegt hat. Auf ihre Wärter scheint das abzufärben. Will man einem Rhinozeroswärter andere Vierbeiner anvertrauen, so gibt es meist Ärger. Als wir unsere Rhinozerosse nach Port Lympne brachten, um ihnen mehr Auslauf zu geben, ging Jimmy Slave als Wärter mit ihnen. Gus Scott-Knight aber mußte in Howletts zurückbleiben, um sich um eine Herde indischer Antilopen und Hirsche zu kümmern. Gus fand das alles überhaupt nicht lustig, und auch die Aussicht auf ein neues Pärchen indischer Büffel, des größten aller wilden Büffel, konnte ihn nur zum Teil besänftigen. Statussymbol für jeden Wärter, sei es im Zoo oder draußen in der Wildnis, sind Elefanten, Rhinozerosse, Riesenaffen und die Großkatzen; sie lassen ihn an ihrem Image teilhaben. Fragt man einen Wärter, welche Tiere er versorgt, so wird er sagen: Gorillas, Tiger, Elefanten oder Rhinozerosse. Die weniger spektakulären Tiere, die er pflegt, wird er unerwähnt lassen, denn er weiß, wem in den Augen des Publikums der größte Respekt gilt. –

Herrschaft und Hierarchie in der Tierwelt haben mich immer interessiert. Einmal entkam Baringo ins Bisongehege. Das war nicht weiter tragisch, denn wir wußten, daß wir ihn mit ein paar Kilo Bananen leicht zurücklocken konnten. Bevor wir jedoch unser Vorhaben durchführen konnten, marschierte Ugh, der Bulle der Herde, auf ihn zu. Er hatte damals ungefähr das gleiche Gewicht wie Baringo. Baringo wich keinen Zentimeter, als der Bulle sich näherte. Sein Schwanz stand aufrecht, und er war nervös, denn er befand sich auf fremdem Boden. Ugh jedoch hatte Heimrecht und kam stetig näher.

Seit Jahren kannten sie sich durch den trennenden Zaun hindurch, und fasziniert wartete ich auf den bevorstehenden Zusammenprall. Zum Eingreifen war es zu spät. Auch war ich zu weit entfernt. Wäre Baringo voll ausgewachsen gewesen, ich hätte mein Geld auf ihn gewettet. In Afrika habe ich gesehen, wie schwarze Rhinozerosse Büffel auseinandertrieben, indem sie mit dem Ausdruck tiefster Verachtung einfach durch eine Herde hindurchtrotteten. Ughs Angriffslust schien abzunehmen, je mehr er sich Baringo näherte. Der hatte wahrscheinlich durch eine gewisse Kurzsichtigkeit und den günstigen Wind gar nicht richtig mitbekommen, wer da auf ihn zukam. Als das Rhinozeros Ugh als den erkannte, der er war – nämlich nichts als ein Bisonbulle –, schoß er ein paar Schritte vorwärts und blies mit lautem Getöse die Luft aus den Lungen, ein Geräusch, das ich selbst aus hundert Meter Entfernung hören konnte. Ugh versetzte die ganze achtköpfige Bisonherde in eine Stampede, und einen Augenblick lang dachte ich, sie würden die Umzäunung niedermachen. Doch alles endete gut – Baringo folgte uns nach einer kurzen Siegesrunde zurück in sein Gehege.

Anders als der Elefant unterwirft sich das Rhinozeros keinerlei Zwang. Jugendliche Elefanten müssen sich den vielfältigen Zwängen des Herdenlebens anpassen. In Gefangenschaft kann man sie durch beständiges Training dazu bringen, ihrem Mahout oder Wärter zu gehorchen. Beim schwarzen Rhinozeros ist das ganz unmöglich. In der Freiheit ist es niemandem verantwortlich, und sein unabhängiger Geist läßt sich nicht brechen.

Die alten Ägypter führten Rhinozerosse in ihren religiösen Prozessionen mit, aber ich vermute stark, daß es sich dabei um gutmütige weiße Spezies handelte, die man heute noch in Gegenden wie dem Sudan findet.

Schwarze Rhinozerosse sind wahre Einzelgänger, über deren eigenartige Lebensweise wir dank der Studien Schenkels und Goddards viel erfahren haben. Die weitverbreitete Auffassung, sie seien schwerfällige Trottel mit einem Erbsenhirn, ist vollkommen falsch. Der Diceros bicornis führte Millionen von Jahren ein beneidenswertes Dasein an der Spitze der Tierpyramide, war der gh̀ŕ seiner Umgebung und hatte, bis die Feuerwaffen eingeführt wurden, nahezu keine Feinde.

Anders als der Elefant aber ist er seßhaft und daher in Trockenzeiten verwundbarer. Trocknet sein Wasserloch aus, so muß er sterben. In der Vergangenheit war dies kein Problem, doch zweifelsohne stand diese Abhängigkeit vom Wasserloch seiner geographischen Verbreitung im Wege. Dennoch war er von der Sahelzone bis zum Kap weit verbreitet, und man fand ihn, wo immer es Savanne oder niedriges Buschwerk gab. Dabei suchte er sich natürlich Gegenden mit ausreichenden Wasservorkommen aus.

Vom Menschen verursachte Trockenperioden, die erst kürzlich in Gegenden wie Tsavo die Rhinozerosse dezimierten, gab es in vorgeschichtlicher Zeit glücklicherweise noch nicht. Die Senkung des Grundwasserspiegels durch übermäßigen Wasserverbrauch von Menschen und Industrie ist also ein Tiefschlag für das schwarze Rhinozeros. Seine Zahl soll schon unter 10 000 gefallen sein, und angesichts der politischen Schwierigkeiten in Angola, Mozambique und Rhodesien liegt seine Zukunft im dunkeln, wenn es überhaupt noch eine Zukunft gibt. So gefährlich seine Lage aber zweifellos auch ist – das schwarze Rhinozeros ist noch bei weitem besser dran als seine asiatischen Verwandten, die indischen, javanischen und Sumatra-Rhinozerosse. Selbst wenn man alle drei Rassen zusammennimmt, sind es nicht mehr als 1 000, die sich von Nepal bis Java ausbreiten. In Kaziranga (Assam) und in Chitwan (Nepal) hat das große indische Rhinozeros ein letztes Refugium; dort steht es unter Naturschutz. In Nordjava, in Ulan Kuyong, hat die verwandte javanische Rasse eine letzte Zuflucht gefunden. Die zweihörnige Rasse aus Sumatra mit dem langen roten Fell ist die seltenste und kleinste Gruppe und wird am ehesten zum Aussterben verdammt sein. Eine lebensfähige Brutgemeinschaft scheint es nämlich nirgends mehr zu geben. Das Sumatra-Rhinozeros ist wohl der größte aller Einzelgänger, und wegen der fortgesetzten Verfolgung und der Zerstörung seiner Umwelt ist es sehr zweifelhaft, ob sich überhaupt noch genug Tiere zu einer Gruppe zusammenschließen, um den Fortbestand der Rasse zu garantieren. Kein Zoo der Welt stellt ein Sumatra-Rhinozeros aus. Das letzte in Gefangenschaft starb vor einigen Jahren in Kopenhagen.

Wenn Elefanten erwachsen werden, wollen sie keinen Herrn über sich dulden, die Halsstarrigkeit der Bullen ist geradezu sprichwörtlich. Die meisten Zoos nehmen deshalb keine Elefantenbullen auf. Sogar Sir Hugh Cassons riesiges neues Elefantenhaus im Londoner Zoo, gestiftet von Sir Michael Sobell, hat keine Unterkunft für Bullen. In ganz England gibt es weniger als ein Dutzend Bullen, vier davon bei uns in Howletts.

Es ist skandalös, aber wahr, daß es in England noch niemals eine erfolgreiche Elefantengeburt gegeben hat (im Chester Zoo gab es 1974 eine Totgeburt), obgleich seit der Ankunft des ersten Jumbo vor hundert Jahren Hunderte für »Ausstellungszwecke« importiert wurden. Auf der ganzen Welt sind Zuchtgruppen außergewöhnlich selten. Soviel ich weiß, hat nur Hannover sowohl afrikanische als auch indische Elefanten gezüchtet. Weitere Erfolge können Krönberg (afrikanische Elefanten), Basel, Budapest und Aalberg (indische Elefanten) verzeichnen. In Amerika ist der Portland Zoo in Oregon berühmt für seine Rekordzahlen: Bereits elf indische Elefanten sind dort im Laufe der Zeit zur Welt gekommen.

Vorbedingung für eine erfolgreiche Zucht ist ein guter Bullenwärter. Wenn möglich, sollte er ein Leben lang bei seinen Zöglingen bleiben. Gewöhnlich hört ein erwachsener Elefant nur auf den oder die Wärter, die er sein Leben lang kennt. Wenn die Elefanten in die »Must« kommen, etwa alle zwei Jahre, kann man sie kaum unter Kontrolle halten. Man muß sie an allen vier Beinen anketten und aushungern. Der Zusammenhang zwischen »Must« und Sexualität ist unklar. Es kann sehr gefährlich werden, einen Bullen in diesem Zustand zu einer Kuh zu lassen, besonders, wenn das Gehege klein ist. Eine Paarung findet oft außerhalb dieser »Must«-Zeit statt, und es wäre vielleicht möglich, daß die Angriffslust, die während der »Must« beim Bullen entsteht, ihm die Herrschaft über die Kühe sichert.

Sally mit Buria und, im Hintergrund, Pugli

Indischer Elefant

Einjähriger männlicher Wolf, der seinen Winterpelz verliert

Mit ungewöhnlichem Erfolg hat Howletts seltene Katzen gezüchtet. Alle, die alt genug waren, sich zu vermehren, taten es auch, mit Ausnahme des Geparden. Unser nächstes Ziel ist es, von unseren zwei jungen Paaren der Schneeleoparden und Amur-Leoparden Junge zu züchten.

Rimau, der schwarze Panther

Serval-Katze, die einzige Katze, die außer dem Geparden ihre Beute niederrennen kann. Die Servals in Howletts vermehren sich gut.

Der Luchs war bis vor etwa 1500 Jahren ein Bewohner der Britischen Inseln. Das »Howletts«-Paar wurde im Marwell Zoo in Hampshire geboren und hat jetzt zum erstenmal Junge zur Welt gebracht.

Der Nebelparder ist sicherlich nicht nur die geheimnisvollste und seltenste aller Katzen, sondern auch die schönste. In Howletts züchten wir nun die zweite Generation, so daß unser Bestand nun endlich gesichert zu sein scheint.

Es scheint, als sei eine Vereinigung nur möglich bei einer beinahe demütigen Unterwerfung der Kuh, einer Unterwerfung, die der Furcht entspringt. Diese Hypothese wird auch von Eisenbergs Studien über Paarungsgewohnheiten der wilden Sri-Lanka-Elefanten unterstützt.

In Howletts haben wir eine Gruppe von sechs indischen Elefanten, zwei Bullen und vier Kühe. Der ältere Bulle, Assam, wurde am 14. Februar 1968 im Zoo von Hannover geboren. Alle anderen haben wir 1971 auf einem Elefantenmarkt in Bihar gekauft. Sie stammen alle aus der Wildnis. Folglich kann man ihr Alter nur schätzen; Abweichungen von einem Jahr sind möglich. Wir glauben aber, daß der andere Bulle, Bindu, 1969 geboren wurde, die Kühe Rani und Buria vielleicht 1966, Pugli 1967 und Motki 1968. Als sie nach einer achtwöchtigen Reise auf einem Frachter von Kalkutta aus in Howletts ankamen, befanden sie sich in einem bedauernswerten Zustand. Bei einigen kann man heute noch Narben am Nacken sehen, Spuren von den Elefantenfallen (Keddah) oder Pfahlverstrebungen, mit denen sie an zahme Elefanten angeleint wurden, um sie zu trainieren.

Die indische Gruppe ist nun sechs Jahre bei mir. Die ältesten Weibchen, Rani und Buria, werden aber wahrscheinlich erst in fünf bis sechs Jahren geschlechtsreif sein; so wird es bei uns noch lange dauern, bis wir mit der Elefantenzucht beginnen können. Zumindest aber schaffen wir die Bedingungen, die ein solches Unterfangen möglich machen.

Bei der afrikanischen Gruppe, die aus zwei Bullen und zwei Kühen besteht, ist es ähnlich. Sie sind alle etwa fünf Jahre alt, und wir hoffen, daß wir Anfang der achtziger Jahre eine Geburt melden können. Dann werden beide Rassen in der Wildnis bereits dem Aussterben nahe sein. Der indische Elefant wird zuerst aussterben, denn sein bevorzugter Lebensraum, nämlich niedriger, breitblättriger Wald, existiert heute kaum noch. Das indische Forstministerium hat festgesetzt, daß nur sieben Prozent des Dschungels erhalten bleiben sollen. Es gibt noch einige Herden auf dem Terai, im flachen Dschungel von Orissan und in den höhergelegenen Gegenden von Süd-Deccan. Wie lange sie dort noch leben dürfen, weiß niemand genau zu sagen. Aber Versuche der indischen Regierung, den Wald zu schützen, sind angesichts der unersättlichen Nachfrage nach Hartholz gescheitert. Bei meinem letzten Besuch im Corbett National Park in Nordindien packte mich das Entsetzen, als ich die unaufhörliche Kette von Lastwagen mit dem wertvollen Salholz sah, das vom Fuß des Himalayagebirges innerhalb und außerhalb des Parks wegtransportiert wurde. Ich sah wilde Elefanten in Corbett und einen flüchtenden Tiger, den einzigen, den ich je in freier Wildbahn gesehen habe. Meine Frau Sally konnte ihn von einem Hochsitz aus fotografieren.

Obgleich in Indien schon seit Jahrtausenden Elefanten abgerichtet werden, so sind sie doch nie wirkliche Haustiere geworden. Eine kontinuierliche Zucht ist in der Gefangenschaft nämlich niemals gelungen. Die Elefanten stammen aus der Wildnis und haben so den Prozeß der gelenkten selektiven Zucht nicht durchgemacht, der das Erscheinungsbild so vieler Haustiere bis zur Unkenntlichkeit verändert hat. Elefanten werden zu Lastenträgern abgerichtet, müssen Teakholzbäume entwurzeln und transportieren. Ihre lange Trächtigkeitszeit – zwanzig Monate bei einer jungen Kuh und zweiundzwanzig Monate bei einem jungen Bullen – und die lange Stillzeit, die mehrere Jahre dauert, machten Zuchtversuche unwirtschaftlich, da die Kuh über einen sehr langen Zeitraum nicht zur Arbeit zu gebrauchen ist. –

Die Kosten, zehn Elefanten zu unterhalten, steigen stetig, denn ihr Appetit wächst mit ihrem Alter. Im Augenblick verzehren sie fünfzehn Ballen einer besonderen, bei uns in Howletts produzierten Heuart pro Tag, plus, je nach Jahreszeit, eineinhalb Tonnen Mangoldwurzeln, Mais oder Krauskohl. Andere Spezialitäten sind Brauereitreber (während des Winters bekommen sie hiervon zwei Tonnen pro Woche), Rettichspitzen, Rüben, Kartoffeln und Futterkarotten. Neben großen Mengen frischen Grases liefert ihnen die Sommerzeit eine Vielzahl von Blättern und Zweigen. Vorliebe zeigen sie für Eichen, Eßkastanien, Roßkastanien, Bergahorn und Weißdorn. Ebereschen und Holunder mögen sie nicht. Wir hoffen, daß wir in Port Lympne für die Elefanten sechs Hektar Grasland zur Verfügung haben. Sobald der Boden hart genug geworden ist, werden sie dort während der Wachstumszeit grasen dürfen.

Als die fünf in Indien geborenen Elefanten in Howletts ankamen, war Bindu erst zwei Jahre alt und somit das Baby der Gesellschaft. Rani und Pugli beschützten ihn und spielten sozusagen Adoptivmutter. Selbst heute wei-

Afrikanische Elefanten

chen sie kaum von seiner Seite. Durch soviel Aufmerksamkeit ist Bindu ein ziemlich verwöhntes Tier geworden, denn beim geringsten Anzeichen von Alarm – häufig falscher Alarm – eilen die beiden ihm zu Hilfe. Trotz dieses Schutzwalles steht Assam beim täglichen Wettkampf mit Bindu durchaus seinen Mann. Es sind einfach zwei junge Bullen, die spielerisch kämpfen. Wenn die Frauen sich einmischen, dann gewöhnlich nur, um Frieden zu stiften. Frieden zu wahren scheint der Hauptgrund zu sein, der sie bewegt, sich zwischen Assam und Bindu zu drängen; allerdings immer zugunsten des letzteren. Einige Jahre lang waren wir ein wenig beunruhigt, weil Assam so isoliert war. Aber nach einer Weile gewann seine bestimmende Persönlichkeit die Oberhand, und heute hat er sich seinen festen Platz in der Gruppe erobert. Ganz allein kann er jede Kuh verjagen, dank seiner männlichen Angriffslust und seiner wachsenden Stoßzähne. Bindu ist ein »Mukna«, ein stoßzahnloser Bulle. Aber paradoxerweise scheint sich das nicht zu seinem Nachteil auszuwirken. Zum Ausgleich hat er einen außergewöhnlich muskulösen Rüssel, und das, zusammen mit der allzeitigen Hilfsbereitschaft der beiden »Kindermädchen«, macht ihn für Assam zu einem gleichwertigen Gegenspieler.

Ich hoffe, daß wir die zwei Bullen immer zusammenlassen können, gebe aber zu, daß ich schwere Zweifel hege. Betrachtet man Assams Charakter und Erscheinung, so könnte man annehmen, daß er höchstwahrscheinlich der dominierende Bulle wird. Aber ich möchte trotzdem nicht hundertprozentig auf ihn setzen. Er ist derjenige, der sich über die Gesellschaft der Menschen freut, vielleicht, weil er von den anderen niemals ganz akzeptiert worden ist, da er von Anfang an ein »Außenstehender« war. Wenn wir also spielen möchten, dann fühlen wir uns zu Assam hingezogen. Nach seinem »Abendessen« – das ist dafür die beste Zeit. Wenn er frißt – und das kann acht bis neun Stunden am Tag dauern –, hat ein Elefant keine Lust zu spielen. Seinen riesigen Magen zu füllen ist jeden Tag seine liebste Aufgabe, aber wenn er spielt, dann macht er die verlorene Zeit wieder wett. Assams Lieblingsspiel ist, sich flach auf den Boden zu legen und mich auf seinen Körper zu ziehen. Wenn ich ihn dann kitzele, strampelt er mit den Beinen, und ich muß aufpassen, daß ich nicht dazwischengerate. Einem strampelnden Elefantenbein sollte man wirklich aus dem Wege gehen. Habe ich ihn dann gekitzelt, hat er es gern, wenn ich auf seinem Kopf sitze und so tue, als wollte ich ihn unterhalten. Als er noch klein war, genügte mein Gewicht auf seinem Kopf, um ihn auf dem Boden »festzunageln«. Heute aber genügen ein paar rollende Bewegungen mit dem Körper, und er schüttelt mich mit Leichtigkeit ab. An diesem Punkt angelangt, muß ich sicherstellen, daß ich ganz herunterrutsche oder nach Elefantentreiberart die Position auf seinem Nacken einnehme. Fünf Sekunden lang läßt er mich auf seinem Nacken ausruhen. Dann schüttelt er mich herunter, und das Spiel beginnt von vorne. Spiele ich mit einem anderen Elefanten, und Assam denkt, ich sollte mich ihm widmen, schießt sein Rüssel nach vorn, greift fest um meine Hüften und zieht mich zu sich hin. Reiben und tätscheln scheint einem Elefanten ein wirkliches Vergnügen zu bereiten. Besonders gern hat er es direkt unterm Kinn und am Wirbelsäulenbogen. Da ich nur so eben an den Elefantenrücken herankomme, neigen sie sich zu mir nieder und betteln um eine Massage. Sobald sie meine Hände auf dem Knochen spüren, bewegen sie sich im Rhythmus und kraulen sich praktisch selbst.

Richtigen Ärger haben wir mit Assam oder Bindu nie gehabt, wenn der erstere auch sehr lebhaft, zeitweise sogar boshaft sein kann. Einmal schien er für drei bis vier Tage halb verrückt zu sein. Er war damals ungefähr acht Jahre alt, und Paul Ottley, der Wärter, konnte ihn gerade noch rechtzeitig an allen vier Beinen anketten, bevor er vollständig außer Kontrolle geriet. Zuerst dachten wir, daß er eine vorzeitige »Must« durchmache. Ich rief Eisenberg in Washington an, der diese Idee verwarf. Er teilte uns mit, daß der früheste Ausbruch der »Must« zwar schon mit zehn Jahren kommen könne, daß sie normalerweise aber erst zwischen dem zwölften und dreizehnten Lebensjahr und dann noch ziemlich schwach auftrete. Stärker würde sie erst mit den Jahren. So muß Assam damals schreckliche Schmerzen gehabt haben, obwohl wir äußerlich kein Zeichen einer Verletzung feststellen konnten. Er schwankte ständig hin und her und schlug wild nach jedem aus, der sich ihm näherte, auch nach mir. Bis heute wissen wir nicht recht, ob er Kopfschmerzen hatte, Bauchschmerzen oder einen Zahn bekam. Als der Sturm vorüber war, war er so freundlich wie immer, als wäre nichts geschehen. Seine Wut während dieses Ausbruchs hat uns so beeindruckt, daß wir es als Vorwarnung ansehen für das, was uns erwartet, wenn er erwachsen ist und in die sogenannte »Must«-Zeit kommt.

Das Elefantenhaus in Port Lympne hat besondere Bullengehege für Assam und Bindu an verschiedenen Enden des Gebäudes. Arbeitende Bullen in Indien kommen selten in die »Must«, da ihre Energien von der Arbeit aufgebraucht werden. Wenn ein Elefantentreiber vermutet, daß dieser Zustand eintreten könnte, gibt er seinem Elefanten überhaupt kein Futterkonzentrat mehr und kürzt auch die Gras- und Blätterration.

Elefantenbullen können mindestens so gefährlich sein wie Hengste. In Chitawan in Nepal habe ich einen Bullen gesehen, der drei Elefantentreiber getötet hatte. Es war ein schöner Elefant mit fein ausgebildeten Stoßzähnen, und man riet mir, ihm nicht zu nahe zu kommen. Er werde mit Sicherheit jeden Fremden töten, den er mit seinem Rüssel packen könne. Sein vierter Elefantentreiber stand ziemlich ungerührt daneben, und ich fragte ihn, ob es Schwierigkeiten gegeben hätte, jemanden zu finden, nachdem der dritte Wärter getötet worden war. Im Gegenteil, bekam ich zur Antwort. Das »Prestige« dieses Elefanten, seine Größe und sein schlechter Ruf seien so groß, daß man viele Bewerber habe ablehnen müssen.

In der ersten Hälfte dieses Jahrhunderts, als viele Elefanten, afrikanische ebenso wie indische, nach Europa und Nordamerika exportiert wurden, waren zahlreiche Bullen darunter. Zu jener Zeit wußte man nur wenig von der Zucht und der Vermehrung der Elefanten, und bei Ausbruch des Zweiten Weltkrieges waren neunzig Prozent der Bullen erschossen und Dutzende von Treibern getötet.

Als ich herausfand, daß der Wolf einen ehrlichen, aufrechten und anhänglichen Charakter besitzt, war ich gar nicht überrascht. Kurz bevor Kago und Nushka aus Whipsnade vor elf Jahren hier eintrafen, hatte ich das Buch »Artic Wild« von Lois Crisler gelesen. Die Crislers hatten verlassene, junge arktische Wölfe im nördlichen Kanada von Kindheit an großgezogen und konnten über ihre Ziehkinder nur Gutes berichten. Kago und Nushka waren kanadische Wölfe. Sie waren ungefähr sechs Wochen alt, als ich sie zum er-

Nushka wurde in Whipsnade geboren. Ihr Name stammt aus der Irokesensprache und bedeutet »Schau-Schau«. Wenn man sie sieht, muß man sie lange anschauen, da sie selbst unter Wölfen eine Schönheit ist. Nushka ist ein kanadisch-amerikanischer Wolf, und ihre Vorfahren stammen aus den riesigen Nordwest-Territorien, dem Land der Tundra-Moore, des Permafrostes und des Karibus.

stenmal sah. Wenn ich auch niemals viel für Hunde übrig gehabt habe – mit den Wölfen war es etwas ganz anderes.

Es gibt über zwanzig Beinamen und Ausdrücke in der englischen Sprache, die sich auf den Wolf beziehen – und alle sind abfällig oder voreingenommen. Unser Haß gegen dieses Tier muß aus der vergangenen Züchter-Epoche stammen, als die großen nordischen Wälder nach und nach abgeholzt und durch Grasland für Rinder und Schafe ersetzt wurden. Während der harten Winter wurde der Wolf – zum großen Teil seiner natürlichen Beute, des Rotwilds und Wildschweins, beraubt – zu unserem »Mitbewerber um Rindfleisch und Lammkoteletts«. Die Menschen erklärten dem Wolf den Krieg, und damit begann auch der Rufmord. Erst während der letzten zwanzig Jahre ist der wahre Charakter dieses wunderschönen Rudeljägers bekanntgeworden; dank der Arbeiten von Crisler, Mech, Farley Mowat und den enthüllenden Studien über Isle Royale und Lake Superior.

Nach Kago und Nushka kauften wir noch fünf weitere junge Wölfe und warteten gespannt auf die Paarungsrituale. Vier oder fünf Jahre lang passierte nichts. Durch die Isle Royale-Berichte fanden wir den Grund heraus. Kago und Nushka waren die Anführer des Rudels, und nur ihnen, so entdeckten wir, war es erlaubt, sich zu paaren. Aus unerfindlichen Gründen hatten sie es niemals getan, hatten aber auch wirkungsvoll Versuche anderer Mitglieder des Rudels verhindert. Wir teilten die Wölfe jetzt in zwei Gruppen auf, und im nächsten Frühjahr bekamen Yahooks und Onje, die Führer des zweiten Rudels, sechs Junge. Seither haben sie regelmäßig geworfen. Diese Geburtenregelung ist ein klassisches Beispiel für die Weisheit der Natur. Sie kontrolliert nicht nur das Bevölkerungswachstum, sondern sorgt auch dafür, daß nur die anpassungsfähigsten Gene vererbt werden.

Ich habe mit meinen Wölfen niemals eine gefährliche Situation erlebt, obwohl ich eine engere Bindung nur an vier oder fünf Wölfe habe. Wenn ich in ihr Gehege komme, und das ist zwei- bis dreimal die Woche der Fall, so habe ich das Gefühl, es sei mein Rudel, denn ich fühle mich in der Tat als Teil ihrer selbst. Kago, Nushka, Tassialuk, Sahoni, Onhape, sie alle begrüßen mich mit unverhüllter Freude. Stimme ich ein Geheul an, so fallen sie ein; höre ich auf, so hört man sie noch zehn Minuten, nachdem ich sie verließ.

Einmal entfloh die Wölfin, als ich in der Normandie war. Als ich davon hörte, kam ich eilends nach Howletts zurück. Mit Entsetzen sah ich, daß die Lokalzeitung einen großen Wirbel um die Sache gemacht hatte, so daß viele Bewohner des Ortes verschreckt waren. Die entwichene Wölfin hieß »Kleiner Bär« und war bei weitem nicht die friedlichste des Rudels. In einem Obsthain, drei oder vier Meilen entfernt, war sie gesehen worden. Nachts wartete ich dort auf sie, bewaffnet mit einem toten Hühnchen, und heulte in den Wind. Sie antwortete mir, und wenige Minuten später schob ich sie samt dem Küken in den Landrover. Sie hatte seit vier oder fünf Tagen nichts gegessen, hatte aber weder ein Schaf gerissen noch ein Küken gestohlen. Die Schlagzeile der Lokalzeitung aber meldete: »Entwichener Wolf terrorisiert umliegende Ortschaften.«

Die folgende Geschichte möchte ich erzählen, um zu zeigen, welches Vertrauen ein Wolf in einen bewährten Freund setzt. Sahoni hatte zum erstenmal in ihrem Leben in einer Höhle, die sie vorher vorsichtig unter den schweren Holzzwinger gegraben hatte, Junge geworfen. Da sie niemals irgendein Zeichen von Unwillen kundtat, wenn ich an ihrer Lagerstätte vorbeiging, beschloß ich, mit einer Taschenlampe bewaffnet, einmal nachzuforschen, wie es in der Höhle aussah. Das Loch war gerade so groß, daß ich mich die fünf Meter in die Tiefe zwängen konnte. Sieben dicke kleine Wölfe konnte ich zählen. Zwei davon nahm ich an mich und arbeitete mich vorsichtig aus der Höhle heraus. Draußen stellte ich ihr Geschlecht fest und ließ sie fotografieren.

Während der ganzen Zeit zeigte Sahoni keine Spur von Besorgnis, wenn sie auch höchst interessiert beobachtete, was da vor sich ging. Ich setzte die Kleinen am Eingang des Lagers wieder ab. Mit einem kurzen mahnenden Biß brachte Sahoni eins nach dem anderen zurück in die Höhle. Sie schien sie wegen ihres vermeintlichen Ungehorsams bestrafen zu wollen, und ihre Bisse waren wohl so fest, daß die Kleinen quiekten. Die Schuld an dem Vorfall gab sie ganz allein den Wolfskindern. Da ich nicht genau wußte, ob ich bei meiner Beobachtung die richtige Schlußfolgerung gezogen hatte, wiederholte ich dieses Experiment noch einige Male, und immer reagierte sie gleich. Wäre das vielleicht ein Beispiel für das genetisch programmierte Rassenver-

halten, an das Konrad Lorenz so fest glaubt? Ich für meinen Teil gewann ganz sicher diesen Eindruck, besonders, weil Sahoni vorher noch keine Erfahrungen als Mutter gesammelt hatte.

Über fünfundzwanzig Wölfe in drei verschiedenen Rudeln leben bei uns. Nur mit wenigen aber habe ich engeren Kontakt. Als ich einmal an einer Lagerstätte vorbeiging, wo einmonatige Junge hausten, trieb mich die Mutter Onje mehr oder weniger in die Flucht. Zu Onje hatte ich einfach keine engere Beziehung aufbauen können. Sie stürzte so schnell auf mich zu, daß sie meine linke Hand schon im Maul hatte, bevor ich überhaupt reagieren konnte. Sie biß jedoch nicht fest zu; nur die Abdrücke ihrer Zähne waren zu sehen. Ob es nun ein Warnbiß war, oder ob sie einfach falsch zugebissen hatte, werde ich nie erfahren; ganz sicher aber war es für mich eine Warnung. Es war das einzige Mal, daß ein Wolf mich angegriffen hat – und ich habe es mir gemerkt.

Wenngleich unprovozierte Attacken auf Menschen beim kanadischen Wolf so gut wie unbekannt sind, so habe ich doch keinerlei Zweifel, daß der süße Geruch schwitzenden Pferdefleisches für ausgehungerte europäische Wölfe in der Vergangenheit unwiderstehlich gewesen sein muß. Vom Hunger wild gewordene Wölfe könnten wohl auch einige einsame Holzfäller und Köhler getötet haben, aber ich kann nicht verstehen, warum das nun solche Abneigung rechtfertigen soll. Im Märchen vom »Rotkäppchen und dem Wolf« ist die Wahrscheinlichkeit größer, daß die Großmutter den Wolf gefressen und sein Fell als Bettdecke benutzt hat. In der vorpastoralen Zeit empfand der nordeuropäische Mensch große Bewunderung für seinen Freund, den Rudeljäger. Die alten heidnischen germanischen Namen lassen dies vermuten: Wulfhere, Wulfstan, Ethelwulf, Beowulf, Wolfgang und viele andere.

War nicht der Wolf Odins Freund? Selbst die alten Römer verehrten den Wolf. Romulus und Remus würden sich auf dem Janiculum im Grabe umdrehen, wenn sie wüßten, was heute mit den wenigen letzten Wölfen in Italien passiert. –

Außer den zwei Tigerrassen halten wir ein halbes Dutzend anderer Wildkatzenarten, wie z. B. den schwarzen und den gefleckten Panther, den

Rotantilopenkalb – das erste in England geborene

Schneeleoparden, Buschkatzen und nordische Luchse. Die Schneeleoparden haben wir als Leihgabe vom Lincoln-Park bekommen. Vom Frankfurter Zoo erhielten wir ein Pärchen seltener Amur-Leoparden – panthera pardus orientalis. Für dieses Pärchen haben wir als Gegenleistung ein Paar Nebelparder und vier sibirische Tigerinnen abgegeben. Die Schnee- und Amur-Leoparden gehören zu den allerschönsten und seltensten Großkatzen, und wir alle hoffen, daß sie sich vermehren, wenn sie geschlechtsreif geworden sind.

Zarka, ungefähr elf Monate alt, fordert Wawa den Bison auf einem seiner Spaziergänge im Park heraus.

Baringo (links) und Rukwa mit vier bzw. drei Jahren. Sie sind jetzt in Port Lympne und haben sich schon gepaart.

Einige der Przewalski-Pferde – jetzt in Port Lympne. Diese seltene Gattung aus der Mongolei könnte in der Wildnis ausgestorben sein.

Männliche Rappenantilope
Die Originalgruppe von fünf Wildschweinen ist inzwischen auf fünfzig angewachsen.
Kung, der erste männliche Zucht-Nebelparder

Die ersten drei in England geborenen Nebelparder – alle sind weiblich.

Axis-Hindinnen

Richard Johnstone-Scott

Jimmy Shave

Nick Marx

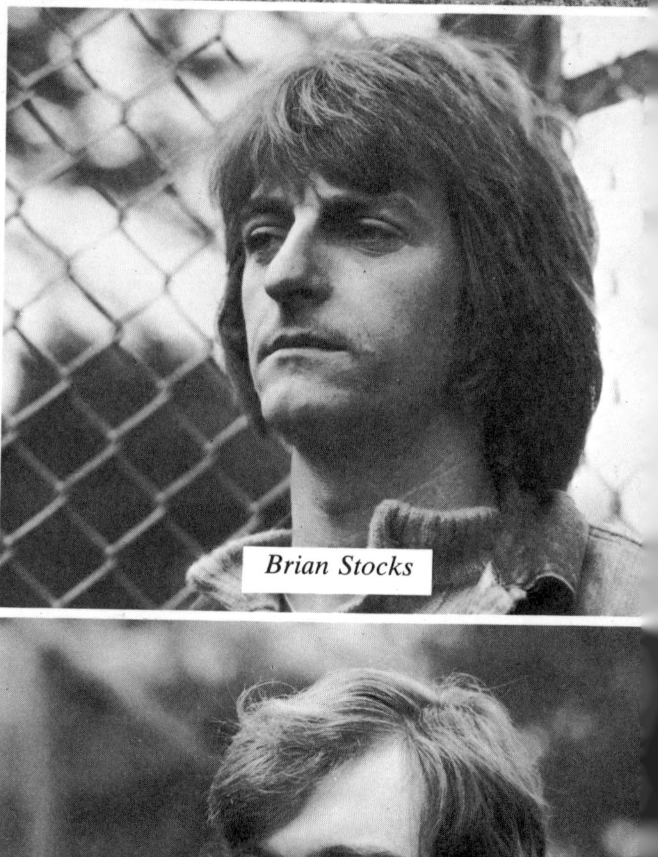
Brian Stocks

Paul Ottley

Peter Halliday

Sally, Koundu und Bassa

Lady Osborne

nes und Janie Osborne mit Shuki und Yonkus

Tom Begg, der Tierarzt von Howletts

Ugh, der Stammvater der Bisonherde

Schweinshirsch mit Kitz

Brasilianische Tapire

An Huftieren haben wir in Howletts mehr indische Spezies als irgend jemand anders in Europa. Safariparks zeigen gerne leicht beschaffbare und leicht ersetzbare afrikanische Tiere: Zebras, Giraffenkreuzungen, die gewöhnliche Elanantilope, ostafrikanische Paviane und das wohlbekannte weiße Rhinozeros. Dazu noch ein paar Strauße und Gnus, und fertig ist die Mischung, mit der man in über hundert Safariparks in Westeuropa die Besucher anlockt.

Unser indisches Rotwild und die Antilopen haben sich im alten Park gut entwickelt. Unsere fünf Axishirsche haben sich auf über achtundfünfzig vermehrt; zehn davon haben wir nach Port Lympne gebracht, um eine weitere Herde zu züchten. Sechs haben wir an englische Zoos verliehen.

Die Sambarherde, sie ist von drei auf zwölf Mitglieder angewachsen, ist die einzige in England. Viele Rehkitze dieser zwei wunderschönen Arten verlieren wir, weil sie im Winter geboren werden. In Chambord in Frankreich hat man festgestellt, daß eine dortige Axisherde nur noch in der günstigen Jahreszeit wirft, nachdem es sechzig Jahre lang saisonbedingt immer wieder Ausfälle gegeben hat. Der harte Grundsatz, die Wintergeborenen sterben zu lassen, zahlt sich am Ende aus, denn die Herde wird abgehärtet und kann sich beinahe selbst versorgen. Ich sage »beinahe«, denn auf zusätzliche Winterfütterung kann man bei Hochwild im Park nicht verzichten. Die Neugeborenen des Sambars, eines entfernten Verwandten des Rotwilds, haben eine bessere Überlebenschance als die Axis. Die Kühe bringen die Jungtiere nämlich meist unter Schutzdächern zur Welt und nehmen sie von einem Schutz zum anderen mit; nur selten lassen sie sie im Freien allein. Noch abgehärteter ist der winzige Schweinshirsch, dessen Junge nur die Größe eines halb ausgewachsenen Kaninchens besitzen. In Howletts ist ihre Zahl in sechs Jahren von fünf auf dreizehn gestiegen, und bald schon möchten wir die Gruppe teilen und eine weitere in Port Lympne züchten, wo es für sie mehr Auslauf gibt. Seinen Namen erhielt der Schweinshirsch wegen seiner Angewohnheit, sich bei drohender Gefahr wie ein Wildschwein ins dichteste Dickicht zu stürzen. Das habe ich mit eigenen Augen in Kaziranga in Assam beobachtet.

Nilghai- und Hirschziegenantilopen sind schwieriger zu züchten als das

Rehwild, denn beide stammen aus Trockengebieten. Sie finden das Klima von Kent im Winter zu naß und den Boden zu weich. Nilghais fühlen sich in der trockenen Buschsteppe Zentralindiens am wohlsten, und die Hirschziegenantilope liebt das Flachland am Indus und Ganges, wo seine phänomenale Schnelligkeit voll zur Wirkung kommt. Beide Rassen sind heute in Indien auf Restbestände dezimiert, wenn es auch noch auf einigen Ranches in Texas große Herden gibt, die dort für den »Schießsport« gezüchtet werden.

Die afrikanischen Antilopen sind bei uns durch die eng verwandten Rotschimmel- und Rappenantilopen vertreten. Beide sind wegen ihres Mutes und ihrer Entschlossenheit berühmt. Selbst der Löwe zögert, bevor er sie angreift. Viele Großkatzen sind schon von den geriffelten Hörnern aufgespießt worden, die sowohl männliche als auch weibliche Tiere tragen. Unglücklicherweise haben Generationen von Trophäenjägern die Bullen mit den größten Hörnern abgeschossen, und es scheint, als trügen Rotschimmel- und Rappenantilopen heute nur noch selten so stolze Gehörne, wie man sie vor einem Jahrhundert noch in Afrika fand. In Howletts ist zum erstenmal die erfolgreiche Aufzucht von Kälbern ihrer Art gelungen.

In Port Lympne halten wir eine Herde von sechs amerikanischen Bisons und eine Herde Wapitiwild in einem Gehege. Die Bisons werden von einem großen Bullen geführt, den wir »The Mad One« (Der Verrückte) nennen, weil man nie im voraus sagen kann, was er im Sinn hat. Von den drei Bullen, die diese Herde im Laufe der letzten fünfzehn Jahre angeführt haben, ist er der aggressivste. Manchmal greift er ohne die geringste Vorwarnung und auch ohne jeden Grund an.

Auch den Wapitihirsch, dessen Geweih von Spitzte zu Spitze über zwei Meter mißt, darf man nicht unterschätzen. Dies gilt besonders für die Brunstzeit. Da hat er einmal in blinder Wut ein Auto umgekippt.

Als wir uns entschlossen, die beiden Gruppen zusammenzulegen, waren wir gespannt, ob das gutgehen würde. Im Winter 1976 kam es dann zum ersten Zwischenfall. Die Wapitihirschkühe schienen an Kraft zu verlieren; also empfahl ich dem Oberaufseher, Jimmy Shave, ihr Futter mit Heu und Konzentraten anzureichern. Ich riet ihm, das Heu so auszubreiten, daß der Bison nicht alles fressen würde. Zu meiner Überraschung berichtete Jimmy mir, daß der Wapitihirsch die Bisons samt dem gefürchteten Bullen wegscheuchte. Ich teilte diese Neuigkeit unserem Tierarzt Tom Begg mit, und er schlug vor, daß wir uns das selbst einmal zur Futterzeit anschauen sollten.

Kaum hatte Jimmy die ersten Heuballen verteilt, kamen die Bisons und trieben die Wapitikühe weg. Doch umgehend erschien der Hirsch und jagte die Gruppe mitsamt »The Mad One«, der geschickt dem ausladenden Geweih auswich, davon.

Die Fortsetzung dieser Geschichte war ziemlich komisch. Als der Wapitihirsch einige Monate später im Februar sein Geweih verlor, wurde er von seinen eigenen Kühen buchstäblich von der Weide gejagt. Zweifellos hatten sie genug von seinen bullenhaften Manieren und machten sich seine »Entwaffnung« zunutze.

UM HAARESBREITE

Ich halte es durchaus für denkbar, daß ich eines Tages von einem wilden Tier getötet werde. Früher oder später, wenn mit den Jahren die Reflexe langsamer werden, wenn einem alles nicht mehr so leicht von der Hand geht, dann müssen sich die Gefahren eines Unfalls einfach vergrößern.

Im Herbst 1959 sprang ich dem Tod nur mit knapper Not von der Schippe. Zu jener Zeit hatte ich es mir zur Angewohnheit gemacht, im großen Gehege mit den zwei Himalayabären Esau und Ayesha zu spielen. Die Tiere waren beide vier Jahre alt und wurden langsam erwachsen. Ich hatte niemals zuvor ernsthafte Schwierigkeiten mit ihnen gehabt, wenn auch ihr Spiel so rauh war, daß ich mir Stoffhosen doppelter Dicke hatte anfertigen lassen, ebenso einen schweren Ledermantel, um mich vor ihren gefährlichen Krallen zu schützen. Ich kannte die Bären seit ihrer frühesten Kindheit, und es machte mir Spaß, mit ihnen zu tollen und bei ihren Spielen mitzumachen. Eines ihrer Lieblingsspiele war es, an meinem Hals zu saugen. Dazu mußten sie an mir hochklettern. Wenn sie es beide gleichzeitig versuchten, brach ich gewöhnlich unter ihrem Gewicht zusammen. Es war dann immer ziemlich schwierig, mich aus ihrer Umarmung zu befreien, wenn sie einmal in Fahrt waren, und es blieb mir nichts anderes übrig, als zu warten, bis sie keine Lust mehr hatten. Das dauerte oft eine halbe Stunde oder länger.

An einem Nachmittag hatte ich nun wieder einmal beschlossen, mit Esau und Ayesha zu spielen, hatte meine Schutzkleidung und meine schweren kurzen Stiefel angezogen. Als ich am Gehege ankam, das von einem drei Meter tiefen Graben umgeben war, stellte ich fest, daß ich den Schlüssel vergessen hatte. Und nun machte ich einen unverzeihlichen Fehler. Ich sprang in den Graben hinein – eine einfache Sache, denn das Gelände stieg in einem Winkel von 45 Grad an. Wenn ich 'rauswollte, so konnte ich ja rufen, dachte ich mir, denn das Gehege lag direkt am Hauptweg. Die Dinge nahmen von Anfang an einen unglücklichen Verlauf. Esau versuchte erfolglos, Ayesha zu besteigen, und sie ließ ihn nicht richtig 'rankommen. Jedesmal, wenn er einen neuen Versuch startete, prasselten Schläge auf seinen Kopf.

Ich beobachtete dieses Treiben aus schätzungsweise 30 Meter Entfernung, denn ich hatte nicht die Absicht zu stören. Nach einem seiner erfolglosen Versuche erblickte mich Esau schließlich, und seine Wut wandte sich gegen mich. Ich erkannte sofort, daß es ihm ernst war, denn er röhrte furchterregend. Das eher nasale als gutturale Röhren eines wütenden Bären ist ebenso beeindruckend wie das des Löwen.

Glücklicherweise war Esau dick und ungelenk. Ich war in jenen Tagen jedoch noch gut in Form. Drei Eichen gab es im Gehege, und ich lief von einer zur anderen in der Hoffnung, ihn so zu ermüden. Zuerst dachte ich, sein Zorn würde nach ein paar Minuten verraucht sein, aber ich hatte mich getäuscht. Zu allem Übel war die schwere Kleidung nun ein wirkliches Hindernis, aber nicht im Traum konnte ich daran denken, mich ihrer zu entledigen. Vielleicht konnte sie mir noch nützlich sein, wenn der Bär mit der Pranke zuschlug.

Bei einem seiner neuen Anläufe rückte er mir jedoch so dicht auf die Pelle, daß ich ihm meinen Mantel entgegenwarf und nur hoffen konnte, daß es ihn ablenken würde. Diese List gab mir eine Verschnaufpause, eine Galgenfrist von mehreren Minuten, die er damit verbrachte, den Mantel völlig zu zerfetzen. Ich schaute diesem Schauspiel keineswegs mit Erleichterung zu. Als Esau mit seinem Werk zufrieden war, machte er sich wieder auf in meine Richtung. Bei jedem Ausatmen schrie ich nun um Hilfe, aber niemand ließ sich blicken. Niemand schien mich zu hören. Mein Leben hing an einem seidenen Faden. Da kam Ayesha mir ungewollt zu Hilfe. Esau rannte schnaufend und röhrend auf sie zu, und da sie zweifellos annahm, daß seine Wut ihr galt, stellte sie sich ihm entgegen.

In dieser höchst willkommenen Verschnaufpause faßte ich den Entschluß, wenigstens zu versuchen, über die das Gehege einschließende Mauer zu springen. Ich nahm einen Anlauf von 20 Metern und sprang – es ging um mein Leben. Ich landete mit den Ellenbogen auf der Mauer. Normalerweise hätte ich mich mit Leichtigkeit über die Mauer ziehen können, aber ich war so erschöpft, daß ich es einfach nicht schaffte. Langsam rutschte ich auf den Boden des Grabens zurück. In meiner Verzweiflung beschloß ich, einfach liegen zu bleiben und zu hoffen, daß Esau mich vergessen möge: »Aus den Augen, aus dem Sinn.« Ich sammelte aber doch ein paar große Steinbrocken und bereitete mich seelisch auf seine Ankunft vor. Einige Minuten später sah ich ihn, drohend blickte er von oben auf mich herab, starrte mich mit seinen roten Augen haßerfüllt an.

Gott sei Dank klettert ein Bär immer rückwärts einen Baum oder einen Hang hinunter. Das ist natürlich im Angriffsfall ein Nachteil für ihn, und nach ein oder zwei halbherzigen Versuchen, sich den Hang hinunterzulassen, Hinterteil also zuerst, schien er aufzugeben. Ich hatte aufgehört, um Hilfe zu rufen, denn ich wollte meine Kräfte für den letzten Kampf aufsparen. Auch wußte ich nun, daß mich sowieso niemand hören würde.

Esau schien nachzudenken; dann eilte er den sich windenden Pfad hinunter, der zu seiner Schlafstätte und von da aus in den sich anschließenden Graben führte. Als ich ihn langsam und entschlossen auf mich zukommen sah, wußte ich, was die Stunde geschlagen hatte. Ich warf einen Brocken nach ihm und schrie seinen Namen mit aller Autorität, die ich noch aufzubieten imstande war, in der verzweifelten Hoffnung, einen letzten Rest Respekt für seinen Ziehvater zu wecken. Als der Stein ihn traf, hielt er inne, und meine Rufe irritierten ihn. Doch dann kam er stetig auf mich zu. Ich erinnere mich noch, wie ich meine Überlebenschancen einschätzte: eins zu zwanzig. Ich war fest entschlossen, bis zum letzten Atemzug zu kämpfen, in jeder Hand nichts als einen Stein.

Im Haus meiner Schwiegermutter hatten sich währenddessen meine Schwiegermutter und mein Freund Richard Parkes zum Nachmittagstee getroffen. Dorothy Hastings hatte zwar Esaus Röhren gehört, aber nur flüchtig daran gedacht, er veranstalte wieder wegen Ayesha solch ein Theater. Als er jedoch nicht aufhörte, ging sie schließlich hinters Haus, um festzustellen, was denn nun los war. Der Hof lag nur hundert Meter vom Bärengehege entfernt. Und da hörte sie meine kläglichen Rufe. Zusammen mit dem über zwei Zentner schweren Parkes erschien sie auf der Bildfläche, bewaffnet mit Pfannen und Deckeln. Esau war noch ungefähr zwei Meter von mir entfernt, als ich sie kommen hörte. Er spitzte die Ohren und floh, denn der Lärm und das Geklappere erschreckten ihn.

Sie zogen mich aus dem Gehege. Ich hielt ihre Hände umklammert und schluchzte eine Stunde lang. Ich konnte mein Glück kaum fassen. Wenn es darauf ankam, hatte mich das Glück in Sachen Tiere bisher noch nie im Stich gelassen.

Das Ganze hatte von Anfang bis Ende nur fünfzehn Minuten gedauert, aber mir war es wie eine Ewigkeit vorgekommen. Warum hatte Esau mich angegriffen? War es vielleicht die Frustration einer unerfüllten Liebe, gekoppelt mit hierarchischem Ehrgeiz? Was immer der Grund auch gewesen sein mag, ich bin niemals mehr zu ihm hineingegangen, denn ich bin sicher, daß meine schändliche Flucht ihn von seiner Überlegenheit mir gegenüber überzeugt hat. Ich hatte mein Gesicht verloren. Leider haben die Bären keine Jungen bekommen, und einige Jahre später habe ich sie nach Österreich geschickt, denn ich brauchte ihr Gehege für eine Familie sibirischer Tiger.

In den vorausgegangenen Kapiteln ist beim Leser vielleicht der Eindruck entstanden, es sei ziemlich risikolos, ein Tigergehege zu betreten. Das wäre ein Irrtum. Tiger, besonders die männlichen Spezies, besitzen einen guten Schuß Angriffslust. Die Tigerinnen sind noch sehr viel aktiver und lebhafter als ihre Gefährten, wenn sie auch meist verspielt bleiben. Von einer Tigerin umgestoßen und dann von einem Tiger als Sitzkissen benutzt zu werden, ist weiß Gott eine Erfahrung, die jeden aus der Fassung bringen kann. Dieses Risiko geht niemand leichten Herzens ein.

Ernster und furchterregender sind jedoch die seltenen Augenblicke, in denen wir völlig unerwartet erkennen müssen, daß unsere Gegenwart ganz und gar unerwünscht ist. Ist man dann allein im Gehege, droht höchste Gefahr. Es sind die männlichen Tiere, die Schwierigkeiten bereiten. Der Tiger hat hierarchische und territoriale Ansprüche, die seine Gefährtin nicht kennt. Bei einer Tigerin liegt die Gefahr eher darin, daß sie sich während des Spiels zu sehr mitreißen läßt. Mehr als einen Prankenschlag oder eine Wunde vom Fangzahn aber trägt man kaum davon. Daß eine Tigerin weniger Kraft besitzt als ihr »Gemahl«, hat damit nichts zu tun. Auch sie kann einen ausgewachsenen Mann mit Leichtigkeit töten. Es ist einfach so, daß eine Tigerin unseren Erfahrungen nach sehr selten eine feindliche Haltung gegenüber ihrem menschlichen Freund einnimmt. Wir glauben, daß die Tigerinnen uns als männliche Wesen der eigenen Rasse ansehen und uns entsprechend respektieren. Daß sie sich uns während der Brunstzeit darbieten, läßt diese Theorie nur noch wahrscheinlicher erscheinen. Sie müssen uns für überraschend gutmütig halten, da ihre echten Ehegatten niemals auf so freundschaftliche Rangeleien, wie wir sie mit ihnen treiben, eingehen würden.

Eine wirkliche Bedrohung und Gefahr geht eigentlich nur vom männlichen Tiger aus. Beinahe jedes männliche Tier kann dem Menschen gefährlich werden, wenn es nur groß genug ist. Selbst Haustiere sind hier nicht auszuschließen. Immer wieder hört man von Todesfällen durch Hengste und Bullen. Der große Vollbluthengst St. Simon hatte zwei seiner Stallknechte auf dem Gewissen, und jedes Jahr werden in England einige Landarbeiter von Bullen getötet. Selbst nach jahrtausendelangen Erfahrungen mit gezielter Zucht und Zähmung wird immer eine Spur Aggressivität zurückbleiben. Trotz allem aber kann ich behaupten, daß bei Tigern solch ein todbringendes Verhalten gegenüber ihren menschlichen Freunden wirklich sehr selten ist.

Es ist nicht ratsam, ein Tigergehege zu betreten, wenn die Tiere sich paaren. Im Rahmen eines Experiments haben wir bei besonders gutmütigen Tigern zwar auch das schon getan, doch ohne guten Grund sollte man sie in einer solchen Situation nicht stören.

Auch beim Fressen darf man Tiger beiderlei Geschlechts nicht stören. Es ist ebenfalls gefährlich, wenn man sie zu häufig besucht. Für diese letzte Erkenntnis hätten wir beinahe einen hohen Preis gezahlt. Bis wir vor einigen Jahren den Zoo der Öffentlichkeit zugänglich machten, hatten die Wärter Nick und Brian neben dem routinemäßigen Füttern und Saubermachen nur einmal in der Woche mit den Tigerpärchen gespielt. Ich selbst ging sogar noch seltener zu ihnen, da ich meine Zeit gern allen Tieren widmen wollte. Im Sommer 1975 wurden wir dann immer wieder von den Besuchern gedrängt, zu den Tigern und Gorillas ins Gehege zu gehen, um mit ihnen zu spielen. Da wir die Leute nicht enttäuschen wollten, waren wir während der Hochsaison im August beinahe jeden Tag mit den Tigern zusammen.

Normalerweise spiele ich mit den Tigern nur, wenn ein, besser aber noch zwei Aufseher dabei sind. Einmal jedoch hatten wir wieder viele Besucher, die mich drängten. Obwohl ich allein war, ging ich zu dem Pärchen Indus und Putra hinein. Beide sind in Howletts geboren und waren ungefähr zehn Jahre alt. Es war ein heißer Tag, früh am Nachmittag. Beide Tiere schliefen im Schatten eines großen Apfelbaumes, ungefähr dreißig Meter vom Tor entfernt. Während ich mich ihnen näherte, rief ich sanft ihre Namen und prustete durch die Lippen, um ihnen mein Kommen anzuzeigen. Putra erhob sich gemächlich und gähnte, reckte sich, gab mir einen Kuß und ließ sich wieder fallen. Ich rief Indus, aber er rührte sich nicht.

Ich setzte mich auf den Wassertrog und hielt einen Vortrag für die Zuschauer. Dann sah ich, daß alle Augen in eine Richtung gingen – hinter mich. Ich drehte mich um. Indus schlich heran. Seine Haltung zeigte mir, daß er nichts Gutes im Schilde führte, und meine Chancen standen schlecht. Ich war allein, und bis zum Tor war es weit. Auch saß ich mehr oder weniger in der Falle, denn der Wassertank stand in der äußersten Ecke des Geheges. Langsam erhob ich mich und begrüßte Indus mit einem »Putteputteput«. Wird dieser Laut erwidert, tut der Tiger damit seine gute Absicht kund, und man kann sich darauf verlassen. Aber ich bekam keine Antwort. Instinktiv wußte ich, daß ich irgend etwas tun mußte, bevor ich wagen konnte, aus meiner Ecke hervorzukommen und in Richtung Tor zu flüchten. Einen großen Vorteil hatte ich natürlich: Indus hielt mich für seinesgleichen, einen großen männlichen Tiger, einen Gegner mit gleichen, wenn nicht sogar überlegenen Waffen.

Zufälligerweise hatte ich eine Spezialschere in der Tasche, denn ich hatte vorher im Park Blätter für das Bambarwild geschnitten. Es war meine einzige Waffe. Sie lag gut in der Hand, und wenn sie geschlossen war, glich sie einer großen Klaue. Fest nahm ich sie in die rechte Hand und ging in geduckter Haltung mutig auf Indus zu. Dabei brüllte ich seinen Namen, als wäre er ein Schimpfwort. Einen Augenblick lang war Indus über diese Strategie verblüfft und wich etwas zurück, so daß ich schätzungsweise drei Meter an Boden in Richtung des sicheren Tores gewann. Als er sich wieder auf mich zubewegte, wußte ich, daß sich seine Laune noch verschlechtert hatte. Seine Augen hatten sich zu Schlitzen zusammengezogen, und seine Nackenhaare standen zu Berge. Seine Ohren lagen ganz weit zurück, waren beinahe umgeschlagen. Wie Warnsignale wirkten die runden, weißen Flecken – ein höchst unerfreulicher Anblick.

Ich ging ein zweites Mal zum Angriff über, machte eine schnelle Bewegung auf Indus zu und schwang meine Waffe, als wollte ich zuschlagen. Unglücklicherweise wich er nicht zurück. Mit der rechten Pranke schlug er nach meinem Oberschenkel, verpaßte ihn aber um Haaresbreite. Ich ergriff die Gelegenheit und schlug so fest ich konnte gegen seine linke Wange. Der Aufprall des Metallfangs in dem so empfindlichen Teil seines Gesichtes überzeugte ihn wahrscheinlich davon, daß er mit Widerstand rechnen mußte.

Gerade rechtzeitig, um noch seinem Gegenschlag auszuweichen, zog ich den Arm zurück und bewegte mich rückwärts in Richtung Tor. Ich schaffte vier bis fünf Meter. Die letzten Meter waren die unerfreulichsten, denn Indus schien zu merken, daß trotz meiner mutigen Show er derjenige war, der an Boden gewann. Das Tor führte in eine Art Sicherheitsgang und war – in weiser Voraussicht solcher Notfälle – immer nur angelehnt. Als Indus noch ungefähr einen Meter von mir entfernt war, warf ich ihm die Schere ins Gesicht und brachte mich in Sicherheit.

Während des gesamten Zwischenfalls hatte ich dem Tiger niemals den Rücken zugewandt und selbstverständlich auch nie meine herausfordernde Haltung aufgegeben. Das Publikum war der Vorführung mit Spannung gefolgt und dachte, es hätte einer alltäglichen Vorführung beigewohnt. Ein paar Leute fragten sogar, zu welcher Zeit und an welchen Tagen diese Show wiederholt würde, damit sich ihre Freunde das auch anschauen könnten. Ein stämmiger Landwirt klopfte mir auf die Schulter und sagte: »Im Vergleich zu Ihnen ist Evel Knievel ein Waisenknabe. Wie lange haben Sie gebraucht, um dem Tiger dieses Paradestückchen beizubringen?«

Indus, um den Sieg über mich betrogen, wandte sich nun gegen Putra – ein klassisches Beispiel abgeleiteter Aggression. Putra rollte sich natürlich, nachdem sie ein paar Schläge eingesteckt hatte, auf den Rücken und zeigte Indus zwanzig scharfe Krallen und das zahnbewehrte Gebiß. Indus umkreiste sie einige Male, dann war sein Zorn verraucht und alles vergessen. Als ich einige Stunden später mit Nick und Brian darüber sprach, erzählten sie mir, daß Indus sich ihnen gegenüber in ähnlich bedrohlicher Weise aufgeführt hatte, besonders, wenn sie allein waren. Da beide genau wie ich unverletzt entkommen konnten, wäre es möglich, daß Indus uns eher bestrafen als töten wollte. Wenn er uns nur aus dem Gehege drängen wollte, dann hatte er sein Ziel erreicht.

Wir haben daraus gelernt, daß auch Tiger, wie andere Einzelgänger, ihre Freunde einfach nicht zu oft sehen mögen. Wenn man sich einmal die Woche sieht, gibt es keine Probleme. Übertreibt man es aber, so fordert man damit Ärger heraus. Die Schuld lag einzig und allein bei uns. Und den gleichen Fehler werden wir ganz sicher nicht wieder machen. –

Ich bedaure unsere Jungtiger, rund zwanzig an der Zahl, die alljährlich an Zoos und Safariparks verschickt werden. Während des Jahres, das sie bei uns zubringen, erfahren sie von den Menschen nur Gutes. So entsteht im ersten Abschnitt ihres Lebens, in dem sie prägende Eindrücke sammeln, Vertrauen, wenn nicht sogar Vertraulichkeit. Für die meisten von ihnen gibt es dann in der neuen Umgebung ein böses Erwachen.

Wir überlassen es z. B. den Katzen, ob sie draußen oder drinnen übernachten, denn viele sind halbe Nachttiere, einige menschenscheu. In den meisten zoologischen Gärten und in nahezu allen Safariparks werden die Tiger für die Nacht in Stallungen getrieben, gewöhnlich mit Landrovern. Eine Katze haßt es, gejagt zu werden. Wird sie gezwungen, etwas gegen ihren Willen zu tun, so wird sie sehr schnell rachsüchtig, und das hat schon häufig unheilvolle Folgen gehabt.

Einmal verkauften wir eine Gruppe von neun indischen Tigern an das Windsor Safariland. Es waren alles ruhige, junge Tiere aus drei verschiedenen Würfen. In dem einen Jahr, das sie bei uns verbracht hatten, hatte es mit keinem von ihnen Ärger gegeben. Fünf oder sechs Monate später besuchte ich sie, um zu sehen, wie es ihnen ging. Ronnie Smart, einer der Direktoren des »Safarilandes«, erzählte mir, daß einer der männlichen Tiger einen Wärter angegriffen und ihn böse gebissen hätte. Die Tiere hatten sich vollkommen verändert; sie wirkten verängstigt, hinterhältig und launisch. Landrover trieben sie nachts in ihre Übernachtungsquartiere, und das Manöver wurde mit schrillen Trillerpfeifen begleitet.

Etwas Schlimmeres kann ich mir für einen Tiger kaum vorstellen. Ich warnte Smart und machte ihn darauf aufmerksam, daß er durchaus eines Tages einen Wärter verlieren könnte. Bei der kleinsten Chance nämlich wird ein Tiger sich rächen.

Ein Jahr später las ich in der Morgenzeitung, daß »Yellow Tag«, ein Howletts-Tiger, seinem Wärter bis in dessen Wächterhäuschen gefolgt war und ihn in Gegenwart eines anderen Mitarbeiters getötet hatte. Ronnie Smart rief mich in der darauffolgenden Woche an und fragte, ob ich alle Tiger zurücknehmen könnte.

Ich vermute, er hatte Schwierigkeiten, Ersatz für seinen verlorenen Mann zu finden. Da ich die Tiere nicht unterbringen konnte, kamen sie schließlich nach Longleat in Wiltshire. –

Zu Weihnachten 1975 ereignete sich ein höchst ungewöhnlicher Zwischenfall, der sehr gefährlich hätte werden können. Richard Johnstone-Scott erzählt, was ihm widerfuhr: »Am ersten Weihnachtstag nachmittags um halb vier ging ich noch einmal zum Affengehege, um das Futter für den Abend vorzubereiten. Die aufgeregten Schreie der Schimpansen schienen diesmal von viel näher zu kommen als gewöhnlich, und so ging ich zum großen Käfig, um nachzuschauen. Ich traute meinen Augen nicht, als ich drei Gorillas und vier Schimpansen fröhlich beisammen sah, augenscheinlich höchst erfreut über die Neuheit, zum erstenmal zusammen im gleichen Käfig zu sein. Minutenlang stand ich wie angewurzelt da und fragte mich ernsthaft, ob ich beim Mittagessen nicht zuviel Wein getrunken hatte. Als ich schließlich sicher war, daß ich mir nichts einbildete, kletterte ich in den Umlauf und öffnete den Schieber, der in den kleinen Gorillakäfig führte. Zugleich rief ich nach Shamba. Sie saß im Verbindungstunnel und stieß drohende Laute gegen die Schimpansen aus, wenn sie ihr zu nahe kamen. Sie war die einzige der vier Gorillas, die augenscheinlich nicht glücklich über die Schimpanseninvasion war. Kaum hatte ich den Schieber geöffnet, zog sie sich würdevoll zurück, aber Mumbah, Djoum und Mushie dachten nicht im Traum daran, es ihr nachzutun.

Ich rannte über das Dach des großen Käfigs zum angrenzenden Schimpansengehege und entdeckte, daß der Verbindungsschieber offenstand. Das Schloß sah wie ein Korkenzieher aus. Ich lief zum Gorillahaus zurück, holte ein Reserveschloß sowie eine Mischung köstlicher Früchte und kletterte wieder aufs Dach des Käfigs.

Zu diesem Zeitpunkt hatten Djoum, Mushie, Jeni und Alexa einen kleinen Streit, an dem Bongo wohl schuld war. Jeni und Alexa stießen schrille

Schreie gegen Djoum aus, der sich mit eingezogenem Kopf und rudernden Armen einen Weg durch sie hindurchbahnte, und dann setzte eine wilde Verfolgungsjagd ein. Mushie und Bongo schlossen sich der Jagd auf der höheren Ebene des Käfigs an.

Währenddessen hämmerten Bustah und Mumbah auf der Metallrutsche herum, daß einem das Trommelfell platzen konnte, und mein Flehen, die Schimpansen mögen doch in ihren Käfig zurückkehren, verhallte ungehört. Bustah sauste jetzt über den Boden des Käfigs, Mumbah dicht auf den Fersen; hin und wieder bekam Mumbah ihn am Fuß zu packen, es war eine Art Fangspiel. Schließlich drehte Bustah den Spieß um und jagte Mumbah zur anderen Seite zurück, und die ganze Strecke galoppierten beide auf allen vieren.

Ich warf einige Äpfel in den Käfig, und es gelang mir, Bustahs Aufmerksamkeit zu erregen. Ohne große Begeisterung drehte er ab und begrüßte mich mit einem einfältigen Grinsen. Ich versuchte, ihn in seinen Käfig zu lokken, aber er konnte dann doch der Versuchung des großen Käfigs mit den Gorillas nicht widerstehen. An einem Seil ließ er sich zu Mumbah hinunter, der gerade einen Apfel verspeiste.

Bongo und Mushie, die sich von den anderen abgesondert hatten, verdrückten sich im Schimpansenkäfig und verzehrten ein paar Leckerbissen, die ich hineingeworfen hatte. Djoum gesellte sich zu ihnen, aber sobald das Fressen alle war, kehrten sie zusammen in den großen Käfig zurück.

In diesem Augenblick erschien Peter auf der Bildfläche. Er war genauso verblüfft wie ich über dieses Schimpansen-Gorilla-Gemisch. Einige Minuten lang beobachteten wir, wie sie herumtanzten, sich tätschelten und Schwingsaltos machten (Mumbah schwang zweimal, wenn Bustah einmal schwang). Dann versuchten wir gemeinsam, die Schimpansen von den Gorillas zu trennen.

Es dauerte nun schon über zwei Stunden, wenn nicht noch länger, daß Bustahs und Mumbahs Gruppe zusammen herumtollten, aber sie spielten unaufhörlich weiter.

Bongo und Alexa zeigten nun Interesse an den Apfelstücken und Bananen, die wir in den Schimpansenkäfig geworfen hatten, und endlich kletterten sie durch die Öffnung, dicht gefolgt von Mushie. Es gelang uns, sie rechtzeitig auszuschließen – und prompt stimmten sie ein entsetzliches Geschrei an.

Bustah, Mumbah, Djoum und Jeni waren damit beschäftigt, einander in der Luft zu folgen; sie tanzten über den Handlauf. Bustah führte die Gruppe an, es folgten Djoum und Jeni und, etwas weniger geschickt, Mumbah. Als Jeni und Bustah entdeckten, daß Bongo und Alexa im Schimpansenkäfig fraßen, eilten sie zur Schiebetüre und stimmten in Mushies Wehgeschrei ein. Wir zogen die Schiebetüre auf, und sofort machte Bustah wieder kehrt, um weiter mit Mumbah und Djoum zu spielen. Jeni zeigte zwar deutlich, daß sie sehr hungrig, aber überhaupt nicht glücklich über die Tatsache war, daß sie das Essen in ihrem eigenen Käfig zu sich nehmen sollte. Als wir sie schließlich mit einem Stückchen Schokolade zu bestechen versuchten, konnte sie nicht widerstehen. Widerwillig gesellte sie sich zu Alexa und Bongo.

Es war nun schon ziemlich dunkel geworden, und Peter und ich waren der Verzweiflung nahe. Aber Bustah spielte unentwegt weiter mit Djoum und Mumbah, während Mushie, vom Hunger geplagt, sich wimmernd an den Maschendraht zu meinen Füßen klammerte. Es gelang uns, Jeni, Alexa und Bongo in ihre Schläfstätten einzuschließen. Dann öffneten wir den Verbindungstunnel wieder. Nachdem wir Bustah eine Weile Schokolade und Bananen hingehalten hatten, kam er herüber, setzte sich neben die Öffnung und grinste uns an. Sekunden später kletterte Djoum herauf und setzte sich neben ihn. Bustah verlor nun wieder das Interesse und hangelte sich ans andere Ende des Käfigs; die zwei Gorillamännchen folgten ungeschickt. Sogleich wurde ein neues Luft-Fangspiel daraus. Mumbah verlor zuerst die Lust und lief zur Metallrutsche hinüber. Mit ohrenbetäubendem Lärm ließ er sich darauffallen. Das gefiel Bustah wohl über die Maßen, denn er schwang sich hinunter und machte begeistert mit.

Schließlich beschlossen wir, es mit Wasser zu versuchen. Wir warfen die Reste unseres Lockfutters in den Schimpansenkäfig und verfolgten Bustah rund ums Gehege. Zweimal rannte er an der Öffnung vorbei. Für ihn war diese neue Jagd nichts als ein weiteres Spiel. Mumbah amüsierte sich königlich und rannte aufgeregt hinterher. Wir ließen den Wasserstrahl immer im

Abstand von einem Meter hinter Bustah folgen. Zur gleichen Zeit jedoch mußten wir Djoum und Mushie im Auge behalten.

Peter und ich waren naßgeschwitzt und gaben uns beinahe geschlagen, als Bustah es sich plötzlich doch überlegte. Er entschied sich, seine Gorillafreunde zu verlassen und das köstliche Futter zu verzehren, das wir in den Schimpansenkäfig geworfen hatten. Wir schlugen die Türe zu und Mumbah, Djoum und Mushie blieben zurück. Sie starrten neidisch auf Bustah, der Schokolade, Bananen und Plätzchen hinunterschlang.

So hatten die Schimpansen und die Gorillas den größten Teil des Nachmittags zusammen verbracht. In der ganzen Zeit war nur einmal eine kleinere Spannung aufgekommen, die jedoch nicht von Belang war: ein geringfügiger Streit, als Djoum etwas zu rauh mit Bongo umgegangen war, ein mündlicher Tadel von Alexa und Jeni. Shamba hatte es vorgezogen, sich nicht einzumischen, hatte aber den ganzen Vorfall als ziemlich harmlos angesehen und sich damit begnügt, Drohungen gegen die Schimpansen auszustoßen.« Soweit der Bericht von Richard Johnstone-Scott. –

Normalerweise schreibe ich über Tiere meist in ernsthaftem Stil, und mancher Leser mag durch meine bruchstückhafte Prosa vielleicht eher verwirrt als überzeugt worden sein. Dennoch muß ich zugeben, daß die langsame Entstehung eines kompletten Zoos in unserem stillen Tal in Kent zu ungeheuer komischen Situationen geführt hat.

Die Zahl der Ausbrüche in Howletts ist nicht größer als in einem anderen vergleichbaren Zoo; einige aber haben uns unerwünschte Publizität gebracht. So ließ einer unserer Wärter, dem ich wegen Unzuverlässigkeit gekündigt hatte, die Himalayabären frei. Bevor er sein Bündel schnürte und verschwand, öffnete er noch das Vorhängeschloß ihrer Schlafstätte. Das alles passierte in der Zeit, in der die Äpfel geerntet wurden, und mein Nachbar, ein reicher Obstbauer, hatte Leute zum Pflücken und Verpacken eingestellt. Einer dieser Männer erspähte aus einem Baum die Bären, die frei in meinem von Mauern umgebenen Garten herumliefen, und stieß einen alarmierenden Schrei aus. Innerhalb weniger Minuten lag der Apfelhain wie ausgestorben da. Der Farmer hatte sich gleich auf den Weg zum nächsten Richter in

Hampshire (ca. 150 km entfernt) aufgemacht, um sich eine gerichtliche Verfügung zur Erschießung angreifender Tiere zu holen. Zum Glück für die Bären gab der Richter seine Einwilligung nicht, da die Bären meinen Besitz nicht verlassen hatten und somit gesetzlich gesehen nicht ausgebrochen waren. Sie hatten inzwischen eine herrliche Zeit in unserem Gemüsegarten. Viele Reihen sorgfältig angelegter Pflanzen vernichteten sie.

Das Weibchen Ayesha verursachte weiter keinen Ärger, Esau hingegen terrorisierte die Nachbarschaft, indem er sein nasal brüllendes Röhren ertönen ließ und jeden, der es wagte, sich ihm zu nähern, davonjagte.

Ich hatte den Auftrag gegeben, in der Gastwirtschaft im Ort ein halbes Dutzend Flaschen Marke grüner Chartreuse zu kaufen, der für seine Süße und seinen Alkoholgehalt bekannt ist. Mit einem Eimer voll dieses süßen Likörs gelang es uns dann auch, die Bären in einen leeren Schimpansenkäfig zu locken. Sie ließen sich genüßlich das dickflüssige grüne Getränk durch die Kehle rinnen, und nach einer halben Stunde waren beide betrunken.

Ich holte mir zwei der Gärtner und einen Holzfäller, und gemeinsam rollten wir Esau auf eine provisorisch zusammengezimmerte Bahre. Zu viert trugen wir ihn zurück in seine Schlafhütte und warfen ihn ohne weiteren Zwischenfall ins Stroh. Bei Ayesha jedoch erwies sich diese Methode als weniger erfolgreich, denn Esau hatte wohl den größten Teil des Likörs aus dem Eimer geschlürft. Ayesha hatte zwar genug getrunken, um schläfrig zu sein, aber nicht so viel, daß sie vollkommen weg war. So fing sie alle zehn Meter an zu brummen oder strampelte auf der Bahre herum. Schon bei der geringsten Bewegung von Ayesha ließen meine Helfer die Bahre fallen und machten sich auf zum Treibhaus. Schließlich flößte ich ihr so viel Brandy ein, daß sie in tiefen Schlaf fiel. Widerstrebend kamen die Gärtner noch einmal zurück, um zu helfen, und wir schafften es schließlich doch, Ayesha neben Esau ins Stroh zu werfen. Am nächsten Tag hörte man aus ihrer Schlafstätte nur Schnarchen und Stöhnen. Als sie sich nach drei Tagen wieder blicken ließen, sahen sie aus wie zwei Bären mit einem Kater. –

Was bei den entflohenen Tieren am meisten überrascht, ist ihre Fähigkeit, sich den winterlichen Bedingungen anzupassen und zu überleben. Eine unserer Nilghai-Antilopen lebt seit drei Jahren in einem ca. 405 Hektar großen

Waldstück. Nur wenn es bitterkalt wird, verläßt das Tier seine Zufluchtsstätte und äst im Kohlfeld. Ein Farmer hat es dort gesehen und mir erzählt, daß es in hervorragender Verfassung sei.

In Kent laufen zur Zeit vier Axishirsche frei herum. Ohne Schwierigkeiten haben sie die letzten Winter überstanden. In einem zwanzig Hektar großen Stück Stechginster suchen sie bei sehr schlechtem Wetter Zuflucht.

Einmal sprang im Frühherbst ein Sambarhirsch über die zwei Meter hohe Umzäunung und verschwand in einem großen, zwei Meilen entfernten Wald. Von Zeit zu Zeit hörten wir, daß er gesehen worden sei, gaben aber die Hoffnung auf, ihn je wieder zurückzubekommen. Sieben Monate später stand er eines schönen Morgens inmitten der Herde im Park. Er war aus freien Stükken zurückgekehrt. Und der Zaun war für ihn bei seiner Rückkehr ebensowenig ein Hindernis gewesen wie bei seiner Flucht. Er befand sich in ausgezeichneter Verfassung; ohne Zweifel hatte er während der Wintermonate genügend Zweige und Keime gefunden.

Ein anderer Ausbruch war ebenfalls ganz amüsant: Ein netter Landwirt rief mich an, um mir mitzuteilen, daß in seinem etwa drei Meilen entfernt gelegenen Obstgarten ein paar von meinen Kamelen grasten. Ich erklärte ihm, daß ich keine Kamele besäße. Was immer es sei, meinte er – die Tiere seien groß und hätten Höcker. Eilig überprüfte ich meinen Tierbestand und mußte feststellen, daß die gesamte Nilghai-Antilopenherde verschwunden war. Und das waren immerhin acht Tiere oder mehr. Irgend jemand hatte das Tor offengelassen, und sie waren einfach in die Nacht hinausgewandert. Am nächsten Tag versuchten wir, sie zurückzutreiben. Der Erfolg war, daß wir sie in alle Himmelsrichtungen auseinandertrieben. In der folgenden Nacht hatte ich einen Einfall. Ich trieb alle anderen Tiere, die gewöhnlich im Antilopengehege lebten, ins benachbarte Gehege. Das Tor, aus dem die Antilopen entkommen waren, ließ ich offenstehen. Am nächsten Morgen hatten sie sich alle gesund und munter wieder eingefunden. Wie wir später herausfanden, hatten sie auf ihrem Heimweg die elektrische Eisenbahnlinie gekreuzt, einige Stacheldrahtzäune überwinden müssen sowie Rinderroste und zwei Hauptstraßen überquert. Alle kamen unverletzt zurück.

Der folgenschwerste Ausbruch war bislang wohl die Flucht eines Nebelparderweibchens. Durch Witterungseinflüsse hatten sich im Drahtgeflecht einige Krampen gelöst. Das Nebelparderweibchen fand das Loch und zwängte sich hindurch. Ihr Gefährte folgte ihr. Das Männchen suchte Zuflucht in einem Baum und wurde mit Hilfe eines Telegraphenfahrzeugs heruntergeholt. Das Weibchen jedoch war wie vom Erdboden verschluckt. Einige Tage später hörten wir, daß es des Nachts von einem Wagen angefahren worden war. Die Scheinwerfer hatten es geblendet. Eine sofort eingeleitete Suchaktion verlief erfolglos, und so gaben wir die Leopardin mehr oder weniger verloren, zumal der Winter vor der Türe stand. Wir hatten nicht die leiseste Hoffnung, daß ein Tier, dessen Heimat die Tropen sind, die Unbilden unseres Winters überleben könnte. Im folgenden Frühjahr aber stellte ein Bauer eine Fuchsfalle auf, weil er glaubte, ein Fuchs risse seine Lämmer. Das war in der Nähe des Dorfes Wye, ungefähr zehn Meilen von Howletts entfernt. Er fing unser Leopardenweibchen, und der Narr erschoß es, ohne es sich überhaupt angesehen zu haben. Tom Beggs fuhr eilends zum Ort des »Verbrechens« und fand den Leoparden. Er war gut im Futter und muß sich von Kaninchen, Eichhörnchen und Vögeln ernährt haben. Hätte der Farmer seinen Finger nicht so schnell am Abzug gehabt, hätte er 300 Pfund kassieren können.

Vor einigen Jahren hatte ein Ausbruch zur Weihnachtszeit recht peinliche Folgen. Der Gorillawärter muß wohl noch unter den Nachwirkungen einer durchzechten Nacht gelitten haben, denn als er zum Mittagessen ging, vergaß er völlig, das Gorillaquartier abzuschließen. Es hatte zur Folge, daß Gugis, damals neun Jahre alt, und Shamba, in ihrem zehnten Jahr, beide ca. 200 Pfund schwer, sich entschlossen, einen Spaziergang zu machen. Während sie so durch den Garten schlenderten, zogen aus Richtung der Farmhäuser köstliche Düfte in ihre Nasen. Trotz des Wetters und der unbekannten Umgebung beschlossen sie, der Sache auf den Grund zu gehen.

Sie kletterten über die Gartenmauer und gingen auf den ersten Kotten zu, wo eine ganze Familie sich gerade an den Tisch setzen wollte, um das aus gegebenem Anlaß reichhaltigste Mahl des Jahres zu sich zu nehmen. Die Tafel war beladen mit Plumpudding, gezuckerten Früchten, Datteln und gefüllten Pasteten. Die Familie gehörte zu den Farmarbeitern und war gerade dabei, das Dankesgebet zu sprechen, als sich die Türe öffnete und zwei Gorillas in den Raum spazierten.

Die Affen hatten sich wohl nicht einmal in ihren allerkühnsten Träumen solche Köstlichkeiten vorstellen können. Der Tisch brach schließlich geradezu zusammen unter dem Gewicht der Delikatessen. Ohne Zweifel dachten sie, es wäre alles sorgfältig für sie zubereitet worden. Jedenfalls erschienen sie wenige Minuten später in meinem Garten, beladen mit Köstlichkeiten, die sie normalerweise, wenn sie sich glücklich schätzen durften, in winzigen Mengen bekamen. Sie hatten sich so überladen, daß sie mehr watschelten als gingen. So entdeckte ich sie aus dem Fenster des Kottens meiner Schwiegermutter. Und sogleich wußte ich, was passiert war. Gugis und Shamba ließen sich nur allzu gern in ihre Hütten führen, denn dort konnten sie mit Muße ihre Delikatessen genießen. Als ich sie eingeschlossen hatte, machte ich den Leuten, bei denen das Debakel stattgefunden hatte, einen Besuch. Ihr Weihnachtsessen war ihnen gründlich verdorben. Die Kinder weinten leise, offensichtlich eher vor Schreck als aus Niedergeschlagenheit. Ich entschuldigte mich lahm für das Benehmen meiner Gorillas und bot ihnen das Zehnfache für die gestohlenen Sachen zum Ausgleich an.

Aber auch das hat sie die Angelegenheit nicht vergessen lassen. Ein Weihnachtsfest zu ruinieren ist offenbar das unverzeihlichste Verbrechen in England. Selbst heute noch nach zwölf Jahren gehen sie grußlos an mir vorbei und schauen in eine andere Richtung.

Ein anderes Mal kamen zwei Anstreicher, um die Schlafzimmer im Hause meiner Schwiegermutter zu tapezieren. Es war heiß, und für die beiden war es ein ganz normaler Nullachtfünfzehn-Job. Bei ihrer Ankunft hatten sie wohl unser Schild mit dem Hinweis, daß auf dem Gelände wilde Tiere herumlaufen, nicht beachtet. In jenen Tagen hatten wir nur wenige Schilder dieser Art aufgestellt, da es kein öffentlicher Park war. Als sie durch die Hintertür hereinkamen, zeigte ihnen Mrs. Hastings, die sie erwartete, wo sie hingehen sollten: Sie sollten die Treppe hinaufgehen und dann oben mit der Arbeit beginnen. »Die Tapete mit dem Magnolienmuster ist fürs Schlafzimmer, links neben der Treppe«, erklärte sie, »und die Tapete mit dem Wein in der Morgensonne ist für den Raum rechts.« »Gut, Madam«, war die Antwort, und mit ihren Leimeimern und Tapetenrollen gingen sie nach oben. Als sie lärmend mit ihren schweren Stiefeln die Treppen hinaufpolterten, rief Mrs. Hastings ihnen noch nach: »Und seien Sie nicht so laut, es schlafen zwei Gorillas da oben. Sie wollen ebenso ungern im Schlaf gestört werden wie Sie.« Eine Weile schwiegen die beiden, dann sagte der eine: »Mann, die ist verrückt.« Und die Anstreicher begannen mit ihrem Werk, ohne weiter an die Gorillas zu denken. Ohne Zweifel machen Handwerker in ihrem Beruf die Bekanntschaft mit vielen exzentrischen älteren Damen und nehmen daher nichts so ernst. Unglücklicherweise aber begann einer eine Melodie zu pfeifen, und die hohen Töne störten die beiden Gorillas, die am Fußende des Bettes lagen, in ihrem Schlaf.

Mouila und Baby Doll hatten sich vollständig unter den Decken vergraben, und so hatten die Arbeiter sie nicht sehen können. Als nun ihre beiden schwarzen Köpfe zum Vorschein kamen und die gähnenden Mäuler riesige Schneidezähne freilegten, ließen die Anstreicher alles stehen und liegen und ergriffen die Flucht. Bei ihrem überstürzten Fluchtversuch stießen sie gegen die Leimeimer und verstörten die Nachbarschaft mit ihren seltsamen Schreien. Sie wurden niemals wieder gesehen. –

Zemo, unser tauchender Tiger, wurde bis zu seinem zweiten Lebensjahr im Haus großgezogen. In dem Alter hat ein Tiger etwa die Hälfte seiner Größe erreicht. Wir ließen Zemo völlig frei in Haus und Garten herumlaufen, und gewöhnlich stellte er nichts an. Alles verlief so phantastisch, daß es einfach zu schön war. Eines Morgens kam ein Lastwagen, der Kohlen lieferte. Zwanzig Zentnersäcke, voll mit Kohlen. Der Fahrer war neu und so auf das, was später geschah, nicht vorbereitet. Er lud die Säcke im Hof ab, erkundigte sich dann beim Butler, in welchen Keller er die Säcke bringen sollte, und brachte sie dann, einen nach dem anderen, den Gang hinunter in den Keller.

Derweil hielt Zemo Siesta unter einem Lorbeerstrauch. Interessiert schaute er auf die vielen Säcke, die im Innern des Hauses zu verschwinden schienen. Zemos Lieblingsspiel war es, sich mit allen vieren auf einen Sack fallen zu lassen und ihn in Stücke zu reißen, als wäre es seine Beute. Normalerweise erhielt er zwei pro Woche. Und so traute er seinen Augen nicht, als der Fahrer immer und immer wieder mit einem Sack auf den Schultern an ihm vorbeiging. Zemo pirschte sich nach Tigerart an ihn heran, lautlos, unbemerkt. Da der Mann inzwischen seine Aufgabe zur Hälfte erledigt hatte – zehn Säcke waren bereits im Keller geleert – beschloß er, ein Zigarettenpäuschen einzulegen. Er setzte sich auf die Säcke und zündete ein Streichholz an. Was er dann sah, wird sich sicherlich tief in sein Gedächtnis eingegraben haben. Es war das Gesicht eines Tigers, eines Tigers, der zum Sprung ansetzte. Der Kohlenmann schrie vor Entsetzen. Zweifellos war er überzeugt, daß er nun eines schrecklichen, gänzlich unerwarteten Todes sterben müsse.

Der Schrei brachte die angestaute Spannung in Zemo auf den Höhepunkt. Er sprang die drei Meter bis zu den Säcken, stieß den wie gelähmt daliegenden Kohlenmann beiseite und machte sich mit wildem Grollen über die Säcke her. Als der Butler auf der Bildfläche erschien, um nach dem Ursprung des Tumults zu forschen, fand er den armen Mann auf den Knien liegend, das Vaterunser betend. Er war so geschockt, daß selbst zwei Brandys seine Nerven nicht so weit beruhigen konnten, daß er seinen Lastwagen zurückfuhr. Wir setzten ihn in ein Taxi, und am nächsten Tag holte jemand anders den Lastwagen ab.

Ein kurioses Zwischenspiel ereignete sich auch im Sommer 1965. Freunde von mir, Michael und Anne Tree, die ganz in der Nähe wohnten, kamen mehrere Male im Jahr zum Lunch herüber und machten dann den Nachmittagsspaziergang mit den Gorillas durch den Park mit. An einem Samstag rief Michael mich an und fragte, ob er seine Gäste mitbringen dürfe. Ich sagte natürlich zu und war leicht überrascht, Lady Diana Cooper aus einem der Wagen aussteigen zu sehen. Sie schien mir doch etwas zerbrechlich für dieses Unternehmen zu sein. Ich erinnere mich heute noch genau, daß ich Michael Tree und Michael Astor, ein anderes Mitglied der Gruppe, zur Seite nahm und ihnen meine Bedenken darlegte. Astor zeigte sich pflichtgemäß kooperativ, aber die anderen wollten nicht hören. Ich ließ mich überreden, hielt es aber für ratsam, Lady Cooper darauf aufmerksam zu machen, daß ihr glockenförmiger Damenhut mit Sicherheit eine unwiderstehliche Anziehungskraft auf die Affen ausüben würde und sie somit besser daran täte, sich dieses Hutes zu entledigen. Unser Affe Mouila war nämlich eine notorische Hutdiebin.

Zemo

Zu meinem Erstaunen weigerte sie sich, sich von ihrem Hut zu trennen. Ich beschwor Lady Diana Cooper und versuchte ihr klarzumachen, daß sie sich bei plötzlichem Herunterzerren ihres Kopfschmuckes den Hals brechen könne. »Ich kann nicht glauben«, antwortete sie, »daß diese entzückenden Gorillas, die wir gerade gesehen haben, solch schlechte Manieren haben.«

Bevor wir losgingen, befahl ich dem Wärter, Lady Diana im Auge zu behalten und sicherzustellen, daß Mouila keine Gelegenheit bekam, sich ihr zu nähern. Doch das Unvermeidliche geschah. Während unsere Aufmerksamkeit abgelenkt war, schlich sich Mouila von hinten an Lady Diana heran, packte den Hut, und beim Versuch, ihn herunterzureißen, fiel Lady Diana heftig zu Boden. Wir alle dachten, das sei das Ende, denn sie blieb reglos im Gras liegen. Doch sie erhob sich mit außergewöhnlicher Würde. Ihr berühmtes Gesicht, medusagleich, war beinahe verdeckt von unzähligen, klappernden Haarröllchen. Weit davon entfernt, peinlich darüber berührt zu sein, daß man nun den Grund sah, warum sie den Hut hatte aufbehalten wollen, setzte sie den Spaziergang fort, als wäre nichts geschehen. Nach langer Jagd konnte der Hut gerettet werden. Etwas deformiert, wurde er grob in seine ursprüngliche Form zurechtgerückt. Lady Diana hatte das ganze Drama ohne Schramme überstanden.

EPILOG

In den letzten zehn Jahren hat sich vieles in mir aufgestaut – und all das ist nun in dieser schwierigen und langwierigen Niederschrift zum Ausdruck gekommen. Gefühle der Schuld und auch der Scham haben mich bedrückt: ein Schuldgefühl, weil ich viele Aufgaben nicht erledigt habe, weil ich meine ganze Überzeugungskraft und Beredsamkeit nicht eingesetzt habe; Scham empfinde ich, weil ich weiß, daß ich über diese Gaben hinreichend verfüge und sie doch so selten genutzt habe. Dieses Buch soll ein Versuch sein, all das wieder ins rechte Lot zu bringen.

Die folgenden Seiten geben die Meinungen und Philosophien von einzelnen Fachleuten wieder, die sich für die Bewegung »Rettet unsere Tiere!« einsetzen. Wir sind sozusagen die Vorhut der »Umweltpolitik«.

Die große Masse der Städter begreift uns nicht, da wir etwas vertreten, das ihnen fremd ist und das sie wahrscheinlich nie verstehen werden: die Gerechtigkeit, die Schönheit und die Bedeutung der Natur.

Dieses Buch befaßt sich, wie der Leser weiß, hauptsächlich mit den hochentwickelten Säugetieren, unseren »Artverwandten«, wie Henry Salt sie genannt hat. Einigen von ihnen, wie den Tigern, den Flachlandgorillas, dem Wolf und den schwarzen Rhinozerossen, ist hier mehr Platz als anderen eingeräumt. Das kommt daher, daß das Buch natürlicherweise subjektiv ist. Die Tiere, die ich hier beschrieben habe, sind fast alle meine persönlichen Freunde, viele von ihnen kamen in Howletts zur Welt. Der Zoopark ist von kleinsten Anfängen an auf natürliche Weise gewachsen, und die tiefgehende Verbindung, die zwischen mir und den Wärtern auf der einen und den Tieren auf der anderen Seite entstanden ist, ist das Ergebnis jahrelanger Arbeit.

Wir in Howletts sind der Meinung, daß wir auf diesem Gebiet in einer bisher noch nicht dagewesenen Art und Weise Pionierarbeit geleistet haben; wir haben bis zu einem gewissen Grad erfolgreich eine Brücke schlagen können über den riesigen, von Menschen geschaffenen Abgrund, der uns unzählige Jahrtausende von unseren Artgenossen getrennt hat. Diese Brücke zu überqueren und das unbekannte Terrain zu betreten ist eine Gefühlssensation, die nur wenigen vorbehalten ist.

Die Welt der Tiger als Tiger zu erleben, dem Wolfsrudel als Wolf zu folgen, als Mitglied einer Gorillahorde akzeptiert zu werden und mit ihnen zu

leben, bis sie ihre Reifezeit erreicht haben: Das sind nur einige der Erfahrungen, die in Howletts zur täglichen Routinearbeit gehören. So wie unser Respekt vor den Säugetieren ständig gewachsen ist, so hat sich auch unsere Spannung nie gelegt. Ihr Vertrauen und ihre Zuneigung zu besitzen, ist ein Privileg, das wir zu schätzen wissen. Viele haben mit Königen diniert – wenige nur mit Tigern. Jenen, die da sagen, es müsse doch langweilig in Gegenwart von Tieren sein, die ja nicht sprechen und nichts lernen könnten, würde ich antworten, daß die tiefgründigste Kommunikation oft das Schweigen ist und daß wir mehr von den großen Säugetieren lernen, als wir ihnen jemals beibringen können.

Sie zu zähmen, ist nur eine unvollkommene Beschreibung dessen, was wir zu erreichen trachten. Es ist mehr ein Austausch von Vertrauen und Anhänglichkeit zwischen Mensch und Tier. »Zähmen« bedeutet laut Lexikon: unterwerfen, unterjochen, bändigen, gefügig oder folgsam machen – und das beschreibt kaum das Vertrauensverhältnis, das wir in Howletts geschaffen haben, wo das »Zuckerbrot-und-Peitsche«-System, womit die Tiere oft gefügig gemacht werden, verabscheut wird. Autorität üben wir nur aus, wenn wir bei jüngeren Tieren die Eltern ersetzen müssen. Und ein Rest davon bleibt, wenn sie erwachsen sind.

Von großem Nutzen ist die Fähigkeit, sich einen hohen Rang im sozialen Gefüge der Gorillas, Elefanten oder Wölfe zu bewahren. Bei Einzelgängernaturen wie dem Tiger oder dem schwarzen Rhinozeros zahlt es sich auch aus, mit dem Selbstbewußtsein eines starken männlichen Tieres aufzutreten. Sollte man jedoch Gefahr laufen, von einem ausgewachsenen männlichen Tiger oder Rhinozeros zum Kampf herausgefordert zu werden – und beides ist mir bereits passiert –, so ist ein ehrenvoller Rückzug der einzige Ausweg. Ein unbewaffneter Mensch, mag er auch noch soviel Kraft haben, hat selbst gegen einen jugendlichen Tiger keine Chance. Die Tiger zu kennen, mit ihnen zu spielen, sie zu lieben, ihre Gesellschaft zu teilen – all das lehrt Demut in zweierlei Hinsicht. Persönlich: in Erkenntnis der offenkundigen körperlichen Unterlegenheit, die jedoch durch die Zuneigung der Tiere wettgemacht wird. Und im besonderen: Nichts ist demütigender für die menschliche Rasse, als zu erkennen, was wir mit unserer gebieterischen Macht angerichtet

haben, die wir über jene Kreaturen gewannen, die uns offenkundig in so vielen Dingen überlegen sind.

Ericson und Wolling schreiben in ihrem Buch »The Deep and the Past«, die menschliche Aggression sei ein genetischer Zufall, ein Unfall, der Höhepunkt einer Reihe höchst unwahrscheinlicher Zusammenhänge. Der Professor fügt hinzu, daß der Mensch, wäre er nicht so ein »zänkischer, wollüstiger Schurke, niemals seinen gegenwärtigen Entwicklungsstand erreicht hätte«.

Absolute Macht hat zur absoluten Verderbtheit geführt. Es scheint, als sei diese Macht von einer Rasse errungen worden, die unfähig ist, sie gerecht und großzügig zu handhaben. Plutarch schreibt von der »Großmut der Natur«. Churchill gibt den Rat, »Großmut im Sieg« zu üben. In Wirklichkeit aber ist der herrschende Mensch der größte Fluch dieses Planeten. Edward Gibbon erzählt uns von »Attila, dem Hunnenkönig, der Geißel Gottes, dessen Stolz so groß war, daß er damit prahlte, daß dort, wo die Hufe seines Pferdes den Boden berührten, kein Gras mehr wachse«. Die Menschheit hat für Attilas eitle Prunksucht gezahlt, doch selbst wenn unsere ganze Rasse innerhalb eines Jahrzehnts durch eine Seuche dahingerafft würde, trüge die Erde die Narben, die ihr die Menschen geschlagen haben, noch Milliarden Jahre lang. Und die »verlorenen Gene«, die uns in die Hände gefallen sind, könnte sie nie neu produzieren. Die Zeit kann nur einige Wunden heilen. Das Verbrechen des Artenmordes kann sie nicht wiedergutmachen. Das lange, unglückliche Dossier unserer Missetaten verlangt nach Reue, Reue über das Unersetzliche, über das, was man nicht ungeschehen machen kann und das, was nicht wiedergutgemacht werden kann. Aus diesem Elend heraus schwören einige von uns mit der Leidenschaft eines Hannibals, das zu retten, was noch zu retten ist: die freie Wildbahn. Andere wollen züchten, wo Zucht noch möglich ist, und jene anspornen, die in der Lage sind, sich zu engagieren.

Wer noch Hoffnung hat, muß begreifen, was die Stunde geschlagen hat, daß es höchste Zeit wird, etwas zu unternehmen. Es hat sich gezeigt, daß man mit Geduld nichts erreicht. Ein Mittelweg muß aufgegeben werden. Erinnern wir uns nur an das alte Sprichwort: »Von den drei Wegen, die zur Hölle führen, ist der mittlere von den Menschen breitgetreten.« Oder, um Senator

Goldwater zu zitieren: »Extremismus zur Verteidigung der Biosphäre ist kein Verbrechen.« Emotionen sind der Stein des Weisen, der das Mineral der Apathie in das Gold der Aktion umwandelt. War es Demokrit, der gesagt hat: »Die Emotion ist der Vater der Aktion?« Ich weiß nur, daß eine Schlacht ohne Emotionen verloren ist. Wenn ich zu einem Publikum spreche, muß ich sein Mitgefühl wecken. Hobbes sagt, daß »Gram über das Elend anderer Mitleid ist«. Die Angelsachsen verbergen ihre Gefühle unter vielen Schichten von Hemmungen. Die müssen weggerissen werden, um das goldhaltige Gestein des Gefühls zu enthüllen.

George Schaller schreibt, »daß diejenigen, die am meisten wissen, sich am meisten fürchten«. Der Pessimismus der Männer, die auf unserem Gebiet arbeiten, wird durch die Statistiken in London und Washington noch verstärkt.

Die freie Natur schrumpft sichtbar. So wie sich die Technosphäre ausdehnt, weicht die Biosphäre zurück. Die Menschheit hat vergessen, daß wir der Natur alles verdanken. Die Summe unserer Schuld ist offenkundig und unsere Bereitschaft, etwas auf das Konto zurückzuzahlen, kaum erkennbar.

Einige von uns glauben heute, daß eine Bevölkerungskatastrophe ein wirtschaftlicher Glücksfall wäre. Mit anderen Worten, eine Bevölkerungskorrektur der Erde von vier Milliarden Menschen auf etwa 200 Millionen wäre die einzig mögliche Lösung für das Überleben unserer eigenen Rasse und des Ökosystems oder der Systeme, die uns ernähren. Eine so reduzierte Bevölkerung entspräche der Bevölkerung zur Zeit Julius Cäsars, und sie könnte auf Dauer für die Erde immer noch zu groß sein. Die Pest halbierte die Bevölkerung von Eurasien innerhalb weniger Jahre. Die nächste große Seuche könnte ein Jahrtausend lang andauern, aber wer weiß, wie viele Arten Pflanzen, Vögel und Vierbeiner während dieser Zeit oder noch vorher ausgerottet würden.

Die Anhänger Gautama Buddhas, Christen und Juden, die Jünger von Mohammed und Marx, sie alle können in das nächste Jahrtausend schauen, nicht jedoch die »Erdenliebhaber«. Die Frage, die sich ihnen stellt, ist eschatologischer Art. Was wird übrigbleiben? Wer wird die große Zerstörung überleben? Die überlebende Welt muß eine verkleinerte Welt sein, schlimm-

stenfalls eine Welt im Zustand des apokalyptischen, unabänderlichen Verfalls, bestenfalls eine stark verstümmelte, ja sogar amputierte Welt. Viele sind versucht zu fragen, ob man etwas Sinnvolles unternehmen kann. Die Wahrheit ist, daß Menschen im großen und ganzen impulsiv, selten mit Verstand handeln, denn des Menschen Charakter ist mehr geformt durch genetische Bestimmung als durch Umwelteinflüsse. Wir handeln, weil wir handeln müssen: Das Paradoxe ist, daß jene, »die am meisten wissen und sich am meisten fürchten, am meisten handeln«.

Menschen sind, wie alle anderen Tiere, eingeengt durch ihre eigene Natur und gefangen in den Grenzen ihrer Fähigkeiten. Wie Schopenhauer sagt: »Der Weise kennt seine Grenzen.« Der menschliche Geist besitzt die rettende Gabe, daß er sich unbequemen Wahrheiten verschließen kann. Wildschützer kann man zwar in etwa mit den Sondergruppen von Auschwitz vergleichen, die genau den Tag kannten, an dem sie und ihre »Pfleglinge« hingerichtet werden sollten, aber ihre Pflichten weiter fortführten, als gäbe es das Morgen nicht. Die Offiziellen der SS-Lager suchten für die Sondergruppen Leute mit entsprechender physischer Kondition aus. Wildschützer aber sind Leute mit den verschiedensten Genen, sozusagen ein wild zusammengewürfelter Haufen. Ich glaube, sie haben ein größeres Einfühlungsvermögen als andere Menschen und sind weniger gefährdet durch die Erbsünde der Hybris.

Man könnte die menschliche Rasse mit den Helden der Tragödien des Sophokles vergleichen: mutig, begnadet, glücklich, aber anfällig für sinnlosen Stolz, der sich in Hybris verwandelt. Die Perepeteia, der Punkt ohne Wiederkehr, ist erreicht, wenn der Mensch sich als Gottheit fühlt. Von da an entfaltet sich die Tragödie und erreicht ihren Höhepunkt im Tod. Der Held wird vernichtet durch seinen übergroßen Stolz, der in Wahn umgeschlagen ist. Der Autor weiß das. Die Zuhörer im Theater spüren es. Nur der Held selbst weiß nichts von seinem vorgezeichneten Schicksal. In jenem abgenützten Klischee von der »Unverletzbarkeit des menschlichen Lebens« ist alles zusammengefaßt. Diese Auffassung ist wahrscheinlich der schädlichste Sophismus, der jemals propagiert wurde. Er hat kräftige Wurzeln geschlagen. Warum er so schädlich ist, wird klar, wenn man den darin enthaltenen logischen Gegensatz untersucht: die Verletzbarkeit alles nicht-menschlichen Lebens. Edward Goldsmith bestätigt in seinem Essay »Religion in a Stable Society« eindeutig, daß »durch die Aufhebung der Unverletzbarkeit unserer Umgebung die moderne Gesellschaft in die Lage versetzt worden ist, sich automatisch selbst zu zerstören«. Auch noch so viele Tränen können diese begeistert aufgenommene Idee nicht wegwaschen. Tamerlan mit seinen wilden Horden, Shakas singende Kafferntruppen, Hitler mit seiner Endlösung, die hingemetzelten Millionen unter Stalin – all das hat diesen üblen Slogan menschlicher Selbstüberschätzung nicht von unseren Schultern genommen. –

Alle Wildschützer müssen es sich zur Aufgabe machen, in diesen schweren Zeiten den Bedrohten zu helfen. Ihr wichtigstes Ziel ist es, die Natur zu erhalten und die Arten zu schützen. Im Rahmen der Evolution stirbt nach bisherigen Schätzungen alle 1 000 Jahre eine Tierart aus. Die Menschheit aber rottet jedes Jahr eine Art aus und nimmt sich das Recht, zu entscheiden, wer leben darf und wer sterben muß. Und dabei beschleunigt sie den Prozeß um ein Tausendfaches.

Wir scheinen besonders schlecht für eine solche schwere Verantwortung gerüstet zu sein. Jeder auch noch so oberflächliche Rückblick auf die Geschichte und die Vorzeit läßt in diesem Punkt jede Illusion ersterben. Die Macht ist einem Emporkömmling in die Hände gefallen, einem falschen Herrscher, der seine Kurzzeitwünsche auf Kosten der übrigen Schöpfung befriedigt. Um nun ohne Gewissensbisse diesen Zermürbungskrieg führen zu können, hat er sich selbst zur Gottheit erhoben – ein recht praktischer Mythos, gestützt von allen großen Religionen außer vom Buddhismus, der vielleicht deshalb, weil er die menschliche Vorherrschaft ablehnt, an Bedeutung verliert und zum liturgischen Priestertum degeneriert. Anthropozentrismus steht im Mittelpunkt beim Islam, beim Juden-Christentum und beim Marxismus – eine Troika für nur einen Passagier, nämlich den Menschen selbst mit seinem Anspruch auf den »homo imago dei«. In dieser Hinsicht ist der Marxismus ein direkter Ableger des Christentums, und offenbar hat er noch sehr viel mehr Erfolg damit, seine Ideen an den Mann zu bringen.

Die eingeborenen Völker der nicht-industrialisierten Welt haben sich los-

gesagt von ihren Naturreligionen und von ihrem Ahnenkult; sie haben sich der neuen Ketzerei angeschlossen. Ihr alter Stammesglaube mit zahllosen Verhaltensweisen, Verboten und Tabus ist zerstört. Die schweren Folgen: Bevölkerungszuwachs, Zerstörung der alten Sitten und Gebräuche, Verlust der Identität. Die alten Bindungen sind zerrissen.

»Negative Weisheit«, geboren im Laufe von jahrtausendealten Erfahrungen, wurde durch »positives Wissen« ersetzt. Das Endresultat werden unvorstellbare Katastrophen sein. Das einzige, was noch gefährlicher ist als Wissen, ist größeres Wissen.

Das ist die schreckliche Wahrheit: Unsere Rasse ist inkompetent, dilettantisch und obendrein noch arrogant. Wir sind intelligent, das ist wahr, möglicherweise die intelligentesten aller Gattungen, obwohl uns die Wale und Delphine da wohl nicht viel nachstehen. Was aber nützt Intelligenz, wenn sie nicht mit Weisheit gepaart ist? Seneca sagt, daß »eine Addierung von Intelligenz keine Weisheit« ergibt. Wir besitzen Scharfsinn, aber was nützt der Scharfsinn, wenn er sich nicht oder allzusehr anpaßt? »Paß dich an oder stirb!«, sagt ein altes Sprichwort, aber Überanpassung bedeutet Übertod. Neben Intelligenz und Scharfsinn besitzen wir Schläue, die »dunkle Zuflucht der Unfähigkeit«, wie Chesterfield sie nennt. Und zu allem Überfluß besitzen wir als Rasse noch ein Übermaß an Energie. Die Energie ist es, die als ruinöser Katalysator wirkt, die Büchse der Pandora aufgebrochen hat und ihren Inhalt als Waffe gebraucht, um einen Planeten zu zerstören.

Die Natur sorgt dafür, daß ihre stärksten Arten die trägsten und sanftesten sind. Großkatzen schlafen siebzehn von vierundzwanzig Stunden und töten selten – nur alle fünf oder sechs Tage, wenn der Hunger sie treibt. Sie kennen ihre Kraft, machen jedoch selten davon Gebrauch. Vor dem Menschen hielten sie die Spitze der Fauna-Pyramide besetzt, ihres Imperiums sicher. Gutmütig, majestätisch und ausgeglichen zierten sie die Landschaft und verbanden sich mit dem System, das ihnen Respekt gezollt hatte. Der große Gorilla, der ältere Bruder des Menschen, verband die Kraft des Zyklopen mit dem Widerwillen, Blitze gegen Zeus zu schleudern. Er besitzt jene Qualitäten, welche die Alten bewunderten, aber nur selten fanden: *Dignitas, Gravitas, Nobilitas.* Im Pliozän teilte er mit uns den großen Regenwald, und er ist ein lebender Beweis für unsere eigene Identität als Rasse – ein Begleiter unserer Vergangenheit und, hoffentlich, ein Talisman für die Zukunft. Er ist ein Verwandter, auf den wir mit Stolz und Dankbarkeit blicken können – Stolz wegen unserer Verwandtschaft und Dankbarkeit wegen seines Vorbildes, das er uns gibt: wie man Lebensraum beherrscht, ohne ihn zu zerstören, wie man Vorrechte genießt, ohne sie auszunutzen.

Die großen Herrscher der Natur haben nur selten Mißbrauch getrieben mit den Möglichkeiten, die sie besaßen. Der Pottwal konnte durch die Ozeane ziehen, ohne sie zu stören. Der amerikanische Bison konnte in millionenfacher Zahl über Grasmeere so größ wie Indien wandern, ohne die Grasnarbe zu zerstören. Im Gegenteil, er sorgte für ihre Erhaltung. Der *Carcharodon carcharias,* der große weiße Hai, so perfekt gebaut, daß er sich morphologisch seit 30 Millionen Jahren kaum verändert hat, hat den Ozeanen nichts genommen, was sich nach so langer Herrschaft nicht hätte erneuern können. Es ist eine Ironie des Schicksals, daß diese großen Führer sich nun nicht länger selbst schützen können – daß ihr Schicksal in unseren blutbeschmutzten Händen liegt. Ihre Zukunft hängt davon ab, wie gut wir sie verstehen und wie sehr wir sie lieben.

Daß dem so ist, ist eine evolutionäre »Fehlgeburt«, aber es ist nun einmal so. Hier sitzt der *sapiens* auf seinem Podest und fällt Urteile wie einst ein Domitian oder ein Commodus im Circus Maximus. Er muß den Daumen heben für die sterbenden Tiere im Sand unter ihm. »Alle die Todgeweihten verfluchen dich, und all jene, dic bereits tot sind, verdammen dich, denn mit deiner Paranoia hast du dein eigenes Schicksal besiegelt. Die Welt, die du verstümmelst, ist deine Welt, deine einzige Welt. Die Tiere, die du so eifrig gemordet hast, sind deine eigenen Verwandten, ohne die du nicht leben kannst. Zeitalter werden vergehen, bis deine Infamie vergessen sein wird, und du wirst dann eingereiht sein in die wunderliche Gruppe der Lebewesen, welche die Evolution wegentwickelt hat, zusammen mit den Triboliten und Ammoniten.«

Oft hört man, daß Leute, die ihre Liebe den Tieren zuwenden, Menschenfeinde seien, die sich keine menschlichen Bindungen schaffen könnten und sich mit dem »Zweitbesten« zufriedengäben. Ich selbst habe diese Erfahrung nicht gemacht, und es ist auch nicht typisch für die Tierliebhaber allgemein. Ich habe mein Vermögen durch die Fähigkeit gewonnen, menschliche Verbindungen zu schaffen und zu erhalten, ohne die man nicht lange überleben kann.

Ich möchte mich auf Oscar Wilde berufen, der sagte: »Nur oberflächliche Menschen können nicht nach dem Erscheinungsbild urteilen.« Für Tierliebhaber bedeutet der erste Eindruck ungemein viel. Eine Fehleinschätzung kann viel kosten, manchmal sogar das Leben. Meine Freunde suchen mich mit ihren größten Problemen auf, weil sie wissen, daß die Lösung solcher Probleme oft biologischer Natur ist. Auch werde ich manchmal nach dem Charakter einer Person befragt, die ich gerade erst kennengelernt habe. Sie geben etwas auf meine Antwort, denn über die Jahre hin haben sie erkannt, daß mein Urteil oft hilfreich war. Ich neige dazu zu glauben, daß Weisheit und Urteilsvermögen phylogenetischen Ursprungs sind und wenig mit Brillanz oder Intellektualität, ja seltsamerweise auch wenig mit Erfahrung zu tun haben. Jeder besitzt ja schließlich Erfahrung, doch nur wenige besitzen Weisheit. Nach Schopenhauer ist »Erfahrung nur ein Phänomen, nicht das Wissen um das Ding an sich. Schaue ins Prisma der Weisheit, und du wirst nur den Ballast sehen, den du dort versteckt hast, meist natürlich Dinge, die du sehen willst, aber von einem gewissen Blickwinkel aus wirst du, durch reinen Zufall und gelegentlich nach langem Bemühen, die Wahrheit entdecken, ungebrochen und rein«.

Ich versuche, der Wahrheit vom Standpunkt der Natur aus auf den Grund zu gehen, und zwar im großen Kontext der Evolution. Mag ich mich auch selbst auserwählt, selbst ernannt haben, so fühle ich mich doch als Fürsprecher der »Wildnis«, wenn auch sicherlich nicht total. Ich bitte den Leser, mir zu helfen. Laßt uns das Auge der Blinden sein, die Stimme der Stummen. Die wilde Natur hat kein Stimmrecht mehr, keinen Einfluß, keine Macht, nicht einmal Hoffnung, wenn wir uns nicht als Phalanx an ihre Seite stellen und ihre letzten Plätze abschirmen. Sie zu schützen ist die edelste und notwendigste Aufgabe, denn sie führt den Menschen aus seinem eigenen religiös-kulturellen Strudel heraus und erlaubt ihm, dort etwas zu leisten, wo er am meisten gebraucht wird. –

Manchmal frage ich mich, mit welchem »Geheimnis« man das Vertrauen der Tiere gewinnt. In gewisser Hinsicht gibt es zwei Geheimnisse: das erste, den Respekt, kann man sich aneignen; das zweite, die Liebe, muß angeboren sein. Es gibt nichts Wichtigeres, als die Tiere, die sich in unserer Obhut befinden, zu respektieren. Ich meine damit, daß es wichtig ist zu fühlen, daß sie mindestens ebensoviel bedeuten wie ein Mensch. Und wenn dann auch die Liebe nicht fehlt, hat man das Zeug zu einem »Tier-Menschen«. Dann braucht man nur noch Geduld, Mut und gesunden »Menschenverstand«.

Natürlich kommen die meisten Leute schon nicht mehr in Betracht, wenn es um den Respekt vor Tieren geht. Nichts wird sie jemals davon abbringen, daß sie sich anderen Kreaturen haushoch überlegen fühlen. Ein hochentwikkeltes Säugetier spürt eine solche menschliche Einstellung schnell, und sein Groll darüber läßt Aggressionen entstehen, wenn es merkt, daß es nur ein »Insasse«, ein Kuriosum oder, wie es traurigerweise in zoologischen Gärten immer heißt, ein »Ausstellungsstück« ist. Genau wie der Mensch weiß auch ein Säugetier, ob es Gast oder Gefangener ist.

Respekt ist möglicherweise die wichtigste Grundlage, und bei vielen Menschen kommt die Liebe dann ganz von selbst. Ich habe die Erfahrung gemacht, daß die meisten hochentwickelten Säugetiere für Zuneigung sehr empfänglich sind und selbst gern reichlich davon geben. Man muß jedoch jede Kreatur seiner Art entsprechend lieben. Ein Tiger zum Beispiel bettelt um Umarmungen und liebt die Tuchfühlung. Wenn er Lust hat, läßt er sie gern in eine freundschaftliche Rauferei übergehen. Seine ersten beiden Wünsche sind vom Menschen noch leicht zu erfüllen, aber mit einem Tiger zu tollen und sein Lieblingsspiel »Du bist meine Beute« zu spielen, das kann schon ganz schön ungemütlich sein. Dazu gehört, daß er sich anschleicht, möglichst von hinten, auf den Menschen zuspringt, ihn niederwirft, im Nakken packt und ordentlich durchschüttelt. Auch für einen Boxkampf sind Tiger immer zu haben. Sie stellen sich auf die Hinterbeine, tanzen etwas linkisch und schlagen dann auf den Kopf oder sonstwohin. Diese beiden letzteren Spiele wären unerträglich, wenn sie ihre Krallen nicht einzögen.

Ernst Lang versicherte mir einmal, daß er mit allen seinen Tieren spräche und daß es ihm nicht im Traum einfallen würde, auf seinen täglichen Runden

an einem alten Freund grußlos vorbeizugehen. Dies ist äußerst wichtig und für einen Tierfreund selbstverständlich. Ein Mensch kann schnell jemanden fallenlassen, wenn er von ihm »geschnitten« wird: ein Tier kann das auch. Ich stelle immer wieder fest, daß mein Erscheinen bei vielen Tieren von Howletts unverhohlene Freude auslöst, sei es nun bei den Wölfen, den Schimpansen, den Gorillas oder den Tigern.

Ich reagiere durchaus ähnlich. So, wie mein Besuch ihnen den Tag verschönt und ihnen mehr Erfahrung gibt, so fühle auch ich mich neu gestärkt und erfrischt. Ich unterstütze es auch, daß die Wärter zu ihren Zöglingen enge Bindungen haben. Wie kann ich ihnen verwehren, was mich selbst ganz besonders freut? Die meisten zoologischen Gärten sehen solche engen Bindungen nicht gern, denn es könnte Schwierigkeiten für die Verwaltung bringen. Schickt man z. B. einen Wärter, der normalerweise die Riesenkatzen betreut hat, zu den Kamelen, dann könnte es durchaus Ärger geben, wenn er seine Schützlinge liebengelernt hat. Daß durch solch eine Umstellung auch die Fortpflanzung der Tiere beeinträchtigt werden könnte, halte ich für übertrieben. Von Hand großgezogene Junge müssen allerdings nach dem Entwöhnen sehr vorsichtig in ihre eigene Gruppe integriert werden.

Will man mit einem wilden Tier eine dauerhafte Bindung eingehen, muß man daran denken, daß man – soll es kein Unglück geben – sich als Ehrenmitglied der bestimmten Art assimiliert. Auf keinen Fall darf man versuchen, dem Tier menschliche Charakterzüge aufzuzwingen, es also zu vermenschlichen. Die Wirklichkeit sieht so aus, daß sich der Mensch durch seine enge Beziehung zum Tier beeinflussen läßt und sich verändert. Wenn ich mit einer Frau Liebe mache, gurgele ich inzwischen wie ein Gorilla, so sehr haben mich diese Tiere bereits geprägt. Wenn ich Schmerzen habe, so habe ich schon wie ein Rhinozeros gestöhnt. Gelegentlich habe ich mich dabei ertappt, daß ich Freunde unwissentlich mit einem Tigerschnurren begrüße – ein Laut, den nur diese Großkatzen von sich geben.

Keins unserer Tiere in Howletts ist dressiert, und wir haben ihnen nie irgendwelche Tricks beigebracht, obgleich wir natürlich versuchen, ihre natürlichen Begabungen, soweit wir können, zu fördern.

Verglichen mit den großen städtischen Zoos und den Safariparks ist Howletts lächerlich finanzschwach. Die Gesamtkosten aller Tierbehausungen in Howletts belaufen sich auf die Hälfte der Kosten für das Elefantenhaus im Londoner Zoo – und auf ein Viertel der geschätzten Kosten für das dort geplante neue Katzenhaus: 690 000 Pfund. Was wir erreicht haben, haben wir ohne die Macht des Geldes geschaffen. Diese Zahlen des Londoner Zoos, so beeindruckend sie auch sein mögen, verblassen vollkommen und werden unbedeutend, vergleicht man sie mit den Ausgaben in den USA. Eins der fünf Vogelhäuser im Bronx Zoo von New York kostet über vier Millionen Dollar, eine Spende von Wohltätern, den Besitzern von »Reader's Digest«. Im Brookfield Zoo, Chicago, standen dem Direktor, dem berühmten Peter Crowcroft, fünf Millionen Dollar zur Verfügung, um ein neues Affenhaus zu bauen. In San Diego bekommt der Zoo zwölf Millionen Dollar pro Jahr. Unsere Arbeit muß am Umfang unserer Geldbörse gemessen werden. Howletts (und Port Lympne) ist einer der ärmlichsten Zoos der Welt, aber reich an Einsatz, an Hingabe und Ehrgeiz. Viele große zoologische Gärten sind an alte Stiftungsanweisungen gebunden. Einige, wie der Lincoln-Park, Chicago und New York, müssen die Öffentlichkeit ohne Eintrittsgeld hereinlassen. Die Folge ist, daß die Menschen in Massen hereinströmen.

Die Einstellung, daß der Zoo für die Menschen da ist und nicht für die Tiere, wird durch den Fehler, freien Eintritt zu gewähren, noch weiter verbreitet. Die Städter respektieren nur das, wofür sie bezahlen müssen. Es ist erstaunlich, wie einige alteingesessene Zoos mit ihren Problemen fertiggeworden sind und ein Beispiel gesetzt haben. Schrittmacher für Europa sind in Basel Ernst Lang und in Frankfurt Bernhard Grzimek, in den Vereinigten Staaten Bill Conway von Bronx, New York, Les Fisher vom Lincoln-Park, Chicago und Peter Crowcroft von Brookfield, Chicago. Die Zuchterfolge dieser fünf Zoos sind phänomenal. Die fünf Männer, die dafür verantwortlich zeichnen, stehen auf gleicher Stufe mit den Spitzenleuten in Politik und Wirtschaft.

Bill Conway meinte einmal, er würde es gern sehen, wenn Zoologen die Regierung übernähmen. Zumindest würde ein solcher Umschwung den Niedergang des Anthropo-Faschismus einläuten. Wäre ich in England an der Macht, würde ich ein *Jus Animalium* und ein *Jus Herbarium,* ein Recht für

Tiere und Pflanzen, einführen. Von frühester Kindheit an werden wir bombardiert mit den Menschenrechten, Freiheitsrechten, Zivilrechten, Völkerrechten, Rechten der Frau, Rechten der Schüler.

Wer hat jemals vom Recht der Tiere reden hören? Oder vom Recht der Vögel und Pflanzen? Haben sie nicht alle auch Rechte? Sollte es nicht der Fall sein, dann sollten wir sie in eine neue Verfassung, in eine neue Religion einbeziehen. Wie sagt der Dichter De Vigny: Tiere sind »die rechtmäßigen Bewohner dieser Wälder und Hügel«. Haben wir keinen Platz für sie – keinen einzigen, den wir ihnen anbieten können? Ist uns der Sinn für Gerechtigkeit so weit abhanden gekommen, daß wir uns nicht aufraffen können, ihnen ein Zipfelchen dessen zurückzugeben, was einst ihr Eigentum war? Ist uns Mitleid so fremd, daß wir nicht einmal mehr um sie trauern oder mit ihnen fühlen können? Menschen, die sich zu Anwälten der Natur machen, fordern: »Rettet sie als Erbteil unserer Kinder!«, »Schützt sie für den Tag, an dem ihre Gene sich für uns als nützlich erweisen!«, »Rettet sie, um unsere Kultur zu bereichern!« Ich finde, diese Ermahnungen riechen nach Hybris. Was ist mit ihrem eigenen Erbe? Können ihre Gene nicht für sie selbst nützlich sein? Was ist mit ihrer eigenen Kultur? Die großen geologischen Katastrophen überlebt zu haben, jeden Klimawechsel, jeden biologischen Einbruch, jede genetische Veränderung, jede seismische Bodenumwälzung, seit es Leben gibt, ja selbst die »peripatetische Pyromanie« des Menschen überlebt zu haben, die Professor Kurtèn in »The Age of Mammals« beschrieb – gibt ihnen das alles nicht das Recht, daß ihre Exekution abgesetzt wird?

Kurtèn unterstreicht, daß, »sollten wir unseren unsinnigen Kampf gegen die Natur fortsetzen, unsere Herrschaft als Rasse nur sehr kurz sein wird – kürzer noch als die flandrische Zwischeneiszeit«. Er ist ein Anhänger der modernen Theorie, daß mit der Entdeckung des Feuers vor ungefähr 750 000 Jahren die langsame Zerstörung des Lebensraumes ausgelöst wurde. Bis vor kurzem war man allgemein noch der Ansicht, die Zucht von Pflanzen und Tieren und der daraus resultierende wirtschaftliche Überschuß sei der ursprüngliche Grund für den Niedergang von Fauna und Flora. In seinem Buch »History of Domesticated Animals« weist z. B. Frederick Zeuner darauf hin. Aber nun scheint klar zu sein, daß die Zivilisation einen bereits begonnenen Prozeß nur konzentriert und beschleunigt hat. Die griechischen Götter lagen gar nicht so falsch, als sie Prometheus für den »Diebstahl« des Feuers vom Himmel bestraften, indem sie ihn an einen Felsen ketten und die Adler jeden Tag aufs neue seine Leber herausreißen ließen. Da der Mensch früher die Vegetation über weite Strecken verbrannte, um Wild zu jagen, hat er seine Umgebung zerstört und größeren Schaden angerichtet als durch die reine Jagd. »Das Auftreten neuer menschlicher Jagdmethoden«, fügt Kurtèn hinzu, »scheint in Verbindung zu stehen mit dem plötzlichen Niedergang des großen Wildes. Die Parallelität ist so augenfällig, daß man sich kaum der Schlußfolgerung entziehen kann, daß die Ausrottung irgendwie auf menschlichen Einfluß zurückzuführen ist.« Als Rasse scheinen wir also ein Schuldenkonto von nahezu einer Million Jahre zu haben. Allein in Afrika wurden vierzig Prozent der großen Säugetiere vernichtet – Riesenpaviane, Säbelzahnkatzen, dreizehige Pferde und zahlreiche andere Mitglieder der »Megafauna«. Die heutigen Bestände sind nur ihre ärmlichen Überreste. Zumindest aber haben sich die afrikanischen Arten neben unseren Vorfahren während des Pleistozän weiterentwickelt, und viele überlebten, weil sie auf Distanz zu gehen oder Widerstand zu leisten lernten. Als der *homo* dann zu seinem eurasischen Abenteuer aufbrach und anschließend Amerika eroberte, richtete er unter den einheimischen Säugetieren entsetzliche Verheerungen an. In Eurasien wurden das legendäre Mammut (elephas primigenius), das Wollnashorn, Mercks Rhinozeros, der prächtige Höhlenbär (ursus spelaeus), Löwen und Höhlenhyänen, das Riesendamwild (cervus megacerus) und zahllose andere Tiere abgeschlachtet und ausgerottet. Selbst diese Schlächterei, die rund 50 000 Jahre dauerte, ist harmlos im Vergleich zu dem Gemetzel, das die ersten mongoliden Eindringlinge in Amerika veranstalteten. Einige Experten glauben, daß dieses Massensterben nur ein oder zwei Jahrtausende gedauert hat – eine tödliche Episode, in der die Riesenfaultiere einschließlich des wundersamen *megatheriums* ebenso ausgelöscht wurden wie der Riesenbiber, die große Präriekatze (panthera atrox), der Langhornbison, der große Wolf (canis dirus), das Mastodon, das Kaisermammut und Millionen von Kamelvorgängern und wilden Pferden. Das Ökosystem zahlte einen hohen Preis für die Gegenwart des paleoindischen Jägers – nur über-

troffen von den Folgen der europäischen »Besetzung« – nach der postkolumbianischen Einwanderung, wie man es beschönigend nennt. –

Nicht alle unsere Tiere in Howletts sind, vom zoologischen Standpunkt aus gesehen, vom Aussterben bedroht. Sicherlich stehen der amerikanischen Bison, der afrikanische Büffel, der Wapiti und das Wildschwein noch nicht auf der Gefahrenliste. Vom historischen Standpunkt aus aber haben diese Tiere einen jahrhundertelangen Leidensweg hinter sich. Die Bisonherden, die ehemals insgesamt sechzig Millionen Tiere zählten, wurden in den letzten zweihundert Jahren auf 20 000 dezimiert. Die Zahl der nordamerikanischen Wapitis, von denen es zu Kolumbus' Zeiten noch zehn Millionen Exemplare gab, ist auf kaum eine halbe Million zusammengeschrumpft. Mit der Eliminierung des besten Tierhüters, der unschätzbaren Tsetse-Fliege, stehen die großen afrikanischen Büffelherden heute vor dem Untergang.

Und die einstmals große Vielfalt an Wildschweinarten hat sich auf einen Bruchteil des früheren Bestandes verringert. In Großbritannien ist dieses stolze Tier rücksichtslos ausgerottet worden, ebenso wie Wolf, Biber, Auerochse, Bison, Moschusochse, Luchs, Braunbär, Ren, Riesenelch und viele andere – und all das geschah während der letzten tausend Jahre.

Ironischerweise sind heute gerade die Nordeuropäer und ihre Nachkommen in Amerika die begeistertsten Verfechter für die Erhaltung der Natur. Die Beiträge Deutschlands, der Vereinigten Staaten, der Schweiz und Englands gehen in dieser Reihenfolge weit über die Anstrengungen der lateinischen Völker hinaus. Deutschland hat in Bernhard Grzimek einen großen internationalen »Staatsmann« hervorgebracht. Er hat höchstpersönlich die Finanzierung von Projekten organisiert, in deren Rahmen neue Schutzparks in Zaire, Tansania, Nepal und Indien angelegt wurden. In Österreich hat Konrad Lorenz mit seinen einzigartigen Studien Pionierarbeit geleistet, und durch seine Bücher hat er den philosophischen Unterbau für die Naturschutzbewegung geliefert.

Frankreich kann stolz auf Cousteaus Arbeit sein. Er hat die schrecklichen Probleme des Meeres und seiner Bewohner publik gemacht. Und doch bedeutet die Arbeit dieser Männer und ihrer Nachfolger nur wenig angesichts des anbrandenden menschlichen »Fortschritts«. Mögen ihre Worte auch

Gewicht haben, sie werden doch untergehen in den alles zerschlagenden Wellen der zunehmenden Industrialisierung.

Manche Zeitgenossen sind der Meinung, nur dem Menschen sei ein Entwicklungspotential geblieben, und alle Tiere, die er nicht für seine Zwecke unterjochen könne, seien zum Untergang bestimmt. Ein Bericht von Professor J. H. Fremlin, erschienen im »New Scientist« (1964), unterstreicht diese Theorie. Fremlin entwickelt die kluge These, daß unsere Zahl exponential anwachsen wird bis zur Erreichung der thermodynamischen Grenze, die durch die Ableitung unserer metabolischen Hitze festgelegt ist (vierzig oder fünfzig Billionen?). Wir werden dann in Gruppen leben, physisch gefangen, aber frei in der Noosphäre . . . von Teilhard de Chardin, werden uns von Kraftbrühe ernähren, die aus unseren eigenen Körperausscheidungen wiedergewonnen wird, und für jeden Toten ein Ersatzkind herstellen dürfen. Wir und unsere synthetische Hefe werden dann die einzigen Bewohner des Weltraumschiffes Erde sein. Mit Wonne hat Fremlin in Einzelheiten ausgemalt, wie dieser Alptraum funktioniert. Dr. F. R. Ewer sieht in ihrem Buch »The Carnivores« keinen positiven Ausblick. Natürlich weist sie die Hypothese Fremlins zurück und hofft, daß sich die menschliche Rasse für eine freiwillige Bevölkerungspolitik selbst in die Pflicht nehmen kann, doch sie tendiert zur »natürlichen Lösung«. »Höchstwahrscheinlich«, meint sie, »werden bei einer weiteren Bevölkerungsexplosion Naturkatastrophen, Hungersnöte und gegenseitiges Massenmorden unsere Probleme ›lösen‹.« Sie bedauert jedoch, daß diese Korrekturen »wahrscheinlich erst dann erfolgen, wenn wir schon einen Großteil unseres Lebensraumes zerstört und ihn vieler seiner Möglichkeiten beraubt haben«.

Der Mensch ist mit seinem Genius verschwenderisch umgegangen und scheint ein seltsames Vergnügen am Mißbrauch seiner Fähigkeiten zu finden. Außer ihm kennt die Natur keinen hemmungslosen Jäger. Im Gegensatz zum hochentwickelten Raubtier scheint er keine natürlichen Schranken zu besitzen. Diese Unzulänglichkeit ist uralt. Den Charakter des Menschen findet man im Mergel und in den Trümmern von tausend Höhlen. Zwischen Scherben und Schutt der Müllhalden kann die Wahrheit ans Licht kommen. Geschichte ist nur ein amüsanter Nachruf auf die vorausgegangenen Zeital-

ter. Als Henry Ford Geschichte als »leeres Geschwätz« bezeichnete, nannte er eine inhaltsschwere Wahrheit beim Namen. Geschichte hat sich nie wiederholt, weil sie dazu nie die Zeit gehabt hat – mit Hegels Worten: »Das einzige, was wir aus der Geschichte lernen können, ist, daß die Geschichte uns nichts lehren kann.« Nichts ist lesenswerter, wird aber auch mehr überschätzt als Geschichte. Was Arnold Toynbee über Geschichte sagt, würde ich eher der Vorgeschichte zuordnen: »Geschichte ist keine weitere Disziplin, sie ist das Haus, in dem alle anderen Disziplinen wohnen.« Toynbees Vision bezog sich auf zehntausend Jahre – ein Zentimeter in einem meilenlangen Rennen.

Als Darwin vor über hundert Jahren behauptete, wir stammten vom Affen ab, wurde er von der überwiegenden Mehrzahl der Gelehrten jener Zeit, u. a. Wilberforce und Professor Owen, verdammt. Heute, da uns Verhaltensforschungen neuesten Datums und Ethogramme von Carpenter, Schaller, Goodall, Reynolds, Kortlandt und anderen über verschiedene soziale Primaten zur Verfügung stehen, haben wir diese Theorien entweder ignoriert oder versäumt, die Schlüsse daraus zu ziehen, die wie wertvolle Steine in den Werken verborgen liegen. Wenn der Papst die Behauptung aufstellt, daß »das wahre Studienobjekt der Menschheit der Mensch ist«, dann folgt nach dem Menschen der Affe. Der Mensch ist ein sozialer Primat. Von den 200 hochentwickelten Primaten leben alle, außer dem Orang-Utan und den Gibbon-Affen, in sozialer Gemeinschaft. Gewisse Faktoren und Eigenschaften sind bei allen sozialen Primaten, den Menschen eingeschlossen, gleich: u. a. die lineare Hierarchie, die Herrschaft des Mannes, Zweigeschlechtlichkeit und Elitedenken. Gutmütige Patriarchen bei den Gorillas – sich selbst tragende Oligarchien bei den japanischen Macaque – Erbkönigtum bei den Java-Affen – unterschiedliche Diktaturen bei den Dschelada- und Dryaden-Pavianen: Alle menschlichen sozialen Kontrollsysteme finden sich auch in der Welt der Menschenaffen.

Selbst Studien über soziale Primaten, die durch Gefangenschaft auf künstlich engem Raum zusammenleben, können aufschlußreich sein. Je größer die Zahl, um so größer ist offensichtlich auch die Tyrannei. Zuckermans Vorkriegsstudie der Dryaden-Paviane im Londoner Zoo hat den Pavianen einen schlechten Ruf eingetragen, der sich erst jetzt langsam bessert. In dem überfüllten Gehege, in dem die Studien durchgeführt wurden, waren Gewalt, Kindestötung und andere Anomalitäten an der Tagesordnung, verstärkt noch durch das ungleiche Verhältnis der Geschlechter. Die stärkste Reaktion auf diese unnatürlich beengten Bedingungen war die Entstehung einer despotischen Gewaltherrschaft. Obgleich Paviangruppen auch in der Wildnis dazu neigen, in autarken Strukturen zu leben, so sind sie doch frei von den von Zuckerman beobachteten unerfreulichen Auswüchsen. Überbevölkerung ist die Mutter der Gewalt. Bertrand Russell behauptet in seiner Abhandlung über den Bolschewismus, die am stärksten verstädterte Gesellschaft sei auch die sozial kränkste. Die Ironie liegt darin, daß wir in einer Demokratie, in der die Stadtbevölkerung größer ist als die Landbevölkerung, von denen regiert werden, die der Rolle am wenigsten gewachsen sind – von den sozial Kränksten.

Dr. P. Studer vom Basler Zoo zeigte mir einmal eine große Gruppe von etwa fünfzig Java-Affen, über die eine königliche Erbfamilie das Zepter in der Hand hielt. Nachdem ich die Gruppe einige Minuten lang beobachtet hatte, fragte er mich, ob ich das Führungsmännchen herausfinden könnte. Das war nicht schwierig, denn deutlich hob sich ein sehr gepflegter Affe von den anderen ab. Dr. Studer erzählte mir, daß dieses Männchen ein guter Regent sei und seit einigen Jahren gerecht und weise herrsche, daß sein Vater jedoch, der frühere Herrscher, sich als sprichwörtlich »böser König« verhalten habe. Ton und Verhalten der Java-Affen-Kolonie werden bestimmt vom Charakter und der Persönlichkeit des Herrschers. Der vorige König war ein hinterhältiger Geselle gewesen, der viel Ärger gemacht hatte; und während seiner Regierungszeit hatte es zahlreiche Verletzte und Tote gegeben. Jetzt aber klappte alles gut, es gab wenig Verletzte und gar keine Toten. Es herrschte allgemein Zufriedenheit. Ich war erstaunt, als Studer mir sagte, daß er den voraussichtlichen Erben schon kenne. Nur die Abkömmlinge von zwei oder drei hochgestellten Frauen der königlichen Familie waren wählbar. Einer von ihnen wurde von den Frauen der Gruppe viel stärker beobachtet und gepflegt als die anderen, wenn er einen alarmierenden Schrei ausstieß oder vor Schmerzen schrie. Nach diesen Anhaltspunkten konnte man die lineare Rangordnung aller Jungtiere bestimmen. Wenn das Baby einer rangniedrigen Frau schrie, dann sorgte sich nur die eigene Mutter ums Kind. Wenn jedoch der »Erbe« einstimmte, dann eilten alle Frauen herbei, um ihn zu beruhigen.

Ein Ethogramm von in der Wildnis lebenden Java-Affen hat die Basler Feststellung bestätigt. Wie lange eine einzelne Familie ihr Regime aufrechterhalten kann, ist nicht bekannt. Langjährige Studien an einem engen Verwandten des Java-Affen, dem japanischen Macaque, zeigen jedoch, daß die privilegierte Elite nicht leicht zu stürzen ist und über Generationen bestehen kann. Japanische Macaque haben ein Gesellschaftssystem entwickelt, bei dem sich alles um einen kleinen zentralen Regierungskader herum konzentriert, der jedes Vorrecht und jeden Vorteil in der bis zu 500 Mitglieder zählenden Gruppe genießt. Die Vorteile, die dieser elitären Gesellschaft erwachsen, werden an die Kinder weitergegeben. »Ungleichheit der Chancen« ist der Slogan der Primaten. Die Sprößlinge der hochgestellten Eltern haben wahrscheinlich sowohl die genetische als auch die kulturelle Überlegenheit geerbt, und das bedeutet, daß Aristokratie im Sinne von »Herrschaft der Besten« sehr wohl die beste aller Herrschaftsformen sein könnte.

Endlos sind die Schlußfolgerungen, die man aus den ethologischen Studien über Menschenaffen für den Menschen selbst ziehen kann – den Erzprimaten von allen. Der menschliche Affe scheint viele Kontrollsysteme, die seinen Cousins geläufig sind, angenommen zu haben – im großen und ganzen mit beträchtlichem Erfolg. Vergebens haben die »Prokrustes«-Reformer versucht, ihre menschlichen Opfer so zurechtzustutzen, daß sie in das Bett hineinpassen, das nach den besten theoretischen Prinzipien für sie gebaut worden war. Unweigerlich folgt Unheil, da die alten Verhaltensmuster der Primaten sich immer wieder durchsetzen und behaupten.

Es gibt ein klassisches Beispiel aus jüngster Vergangenheit für primate soziale Zwänge in einer menschlichen Gruppe: das Verhalten von fünfunddreißig Überlebenden eines 1973 in den Anden abgestürzten Flugzeuges. Dem Hungertod nahe, nahmen die Mitglieder der Gruppe nach zehn Tagen Zuflucht zum Kannibalismus. Piers Paul Read gibt uns in seinem Buch »Alive – Survival in the Andes« eine faszinierende Beschreibung, wie sich das Team der jungen uruguayanischen Rugbyspieler in eine klar geführte lineare Hierarchie einfügte. An die Spitze setzte sich ein Triumvirat von zwei Brüdern und einem Cousin, unter ihnen standen die »Kundschafter«, die dank ihrer guten Kondition und ihres Mutes eine privilegierte Kriegerkaste bildeten, nach ihnen kamen die Handwerker und Mechaniker mit ihren besonderen Fähigkeiten und zum Schluß die Schwachen, Krüppel und Hoffnungslosen. Dank der Führungseigenschaften des Triumvirats, der Härte und Unerbittlichkeit der »Kundschafter« und dank der Geduld und Geschicklichkeit der Handwerker blieb die Mehrzahl der Gruppe am Leben. Beim Studium dieses Dokumentarberichts lernt man sehr viel über die Soziologie des Menschen.

Die Verachtung des Menschen gegenüber dem Tier verbietet es ihm, Studien über Menschenaffen auf sich zu beziehen, und er scheut vor jeder Schlußfolgerung zurück, die auf ihn selbst zutreffen könnte. Unglücklicherweise ist beinahe jeder Mensch der unbarmherzigen Propaganda durch die Sprache ausgesetzt. Schon von frühester Kindheit an wachsen wir mit ihr auf, und sie hinterläßt einen unauslöschlichen Eindruck in unserer Psyche. Schon die Worte an sich können unser Urteilsvermögen trüben. Bestialisch, biestig, tierisch – das sind Ausdrücke, die zu human und menschlich im Gegensatz stehen. Im Englischen gibt es Hunderte von Redensarten, die sich auf Tiere beziehen. Nahezu alle sind herabwürdigend oder jedenfalls negativ gemeint. Wenn man sagt, ein Mann »benimmt sich wie ein Tier«, so wirft man ihm geistlose Gewalttätigkeit vor, und oft sagen das Richter, wenn sie in einem Verfahren Bilanz ziehen.

»Das Gesetz des Dschungels – mit Zähnen und Klauen«, das klingt nach Wildheit und schamlosem Chaos. Die Realität sieht ganz anders aus. Sinnlose Gewalt und zügelloses Chaos findet man am deutlichsten bei menschlichen Wesen. Ich habe viele Monate im Dschungel verbracht und war immer beeindruckt von der Harmonie und der Gerechtigkeit, die dort herrschen. Gewalt bricht nur selten durch, doch dann ist sie berechtigt. Chaos ist unbekannt – bis eben der Mensch einzieht, und von da an ändert sich natürlich alles. »Die Natur, deren süßer Regen auf Gerechte und Ungerechte gleichermaßen herabrieselt«, kann all jene viel lehren, die gewillt sind zu lernen. Aber werden sie jemals so zahlreich werden, daß sie einen Meinungsumschwung bewirken können, der stark genug ist, den gegenwärtigen Kollisionskurs unserer Kultur abzuwenden? Ich glaube nicht daran – die Chancen stehen zu schlecht. Aber worauf sonst sollte man setzen? Laßt uns das Glücksspiel wagen und um Zeit beten.

GLAUBENSBEKENNTNIS

Ich glaube, daß der engagierte Naturschützer weder Anerkennung noch öffentliche Zustimmung erwarten darf. In seiner Arbeit allein muß er Befriedigung finden. Sein eigener Seelenfrieden und seine Selbstachtung werden ihm Lohn genug sein.

Ich glaube an das Jus animalium, das Recht der Tiere, und an das Jus herbarium, das Recht der Pflanzen. An ihr Recht zu existieren, wie sie es immer getan haben, an das Recht zu leben und leben zu lassen. Ich glaube an das buddhistische Ahimsa – Gerechtigkeit für alle Lebewesen. Ich glaube daran, daß eine unbegrenzte Artenzahl von Tieren und Pflanzen ohne Zerstörung des Lebensraums und Ausbeutung der natürlichen Reserven auf der Erde leben kann.

Ich glaube an die Unverletzlichkeit des Lebens, nicht an die Unverletzlichkeit des menschlichen Lebens allein. Der Glaubenssatz von der Unverletzlichkeit menschlichen Lebens ist der schlimmste Trugschluß, den die Philosophie je propagiert hat – und er hat Wurzeln geschlagen. Seine logische Folge – der Glaube an die Verletzlichkeit aller anderen Lebewesen außer dem Menschen – ist der Grund allen Übels. Die Zerstörung dieser Idee ist eine Voraussetzung zum Überleben.

Ich glaube, daß die Wildnis der Erde größter Schatz ist. Die Wildnis ist die Bank, auf die alle unsere Schecks gezogen sind. Ich glaube, daß wir völlig in der Schuld der Natur stehen, daß wir aber keine Bereitschaft zeigen, etwas auf das Konto zurückzuzahlen. Ich glaube, daß wir unseren eigenen Nachruf schreiben, wenn wir diese Schuld nicht anerkennen und zu begleichen versuchen.

Ich glaube, daß noch eine winzige Chance zur Rettung der Erde und der meisten ihrer Bewohner besteht. Diese winzige Chance muß man wie ein Glücksspieler ergreifen.

Ich glaube, daß schreckliche Risiken eingegangen und schreckliche Leidenschaften geweckt werden müssen, bevor diese Ziele erreicht werden. Steht ein System unter extremem Druck, kann nur extremer Gegendruck helfen.

Ich glaube daran, daß alle Unterzeichner dieses Testaments nun handeln, aufstehen und sich stellen müssen. Die Natur braucht jeden Freund.

LITERATURVERZEICHNIS

Ballantyne, R. M., *The Gorilla Hunters* (1861).

Champion, F. W., *The Jungle in Sunlight and Shadow* (1933).

–, *With a Camera in Tigerland* (1934).

Crisler, Lois, *Wir heulten mit den Wölfen* (1972).

Eisenberg, McKay, Jainudeen, ›Reproductive Behaviour of the Asiatic Elephant‹, *Behaviour,* Bd. XXXVIII (1971) S. 3–4.

Ericson, David B., and Wollin, Goesta, *The Deep and the Past* (New York, 1964).

Ewer, R. F., *The Carnivores* (1973).

–, *Ethology of Mammals* (1968).

Fossey, Dian, ›Making Friends with Mountain Gorillas‹, *National Geographic Magazine,* Bd. 137, Nr. 1 (1970) S. 48–67.

Fremlin, J. H., ›How Many People Can the World Support?‹, *New Scientist,* Bd. 24 (1964), S. 285.

Goddard, J., ›Mating and Courtship of the Black Rhinoceros (*Diceros bicornis*)‹, *East African Wildlife Journal,* Bd. 14 (1966), S. 69–75.

Goldsmith, Edward, ›Religion in a Stable Society‹, *Ecologist,* Bd. 4, Nr. 9 (1974), S. 321–325.

Goodall, Jane van Lawick, *In the Shadow of Man* (1971).

Hill, W. C. Osman, *Evolutionary Biology of the Primates* (1972).

–, *Primates: comparative anatomy and taxonomy,* 8 Bände (Edinburgh, 1953–1970).

Jainudeen, Eisenberg, Tilkaratue, ›Oestrus Cycle of the Asiatic Elephant in Captivity‹, *Reproduction and Fertility,* Bd. 27 (1971) S. 321–328.

Kortlandt, A., ›Chimpanzees‹ in *Grzimek's Animal Life Encyclopaedia,* ed. B. Grzimek (1975).

Kurtèn, Björn, *Die Welt der Dinosaurier* (1974).

Livingstone, David, *Missionary Travels and Researches in South Africa* (1857).

McKinnon, John, *In Search of the Red Ape* (1974).

Man and Beast: comparative social behaviour, ed. von John Eisenberg and Wilton S. Dillan (Washington, D.C., 1971).

Reynolds, Vernon, *Budongo: a forest and its chimpanzees* (1965).

Schaller, George, *The Deer and the Tiger: a study of wildlife in India* (1967).

–, *The Mountain Gorilla: ecology and behaviour* (1963).

–, *The Year of the Gorilla* (1965).

Schenkel, Rudolf, ›Ecology and Behaviour of the Black Rhinoceros‹, *Mammalia Depicta* (Hamburg, 1969).

Zeuner, A. F. E., *A History of Domesticated Animals* (1963).

Zuckerman, Solly, *The Social Life of Monkeys and Apes* (1932).